퍼즐 학습으로 재미있게 초등 어휘력을 키우자!

★★★ 사자성어 ★★★

피즐런

Mirae N 에듀

✓표를 하세요.

퍼즐런으로 즐겁고 신나게 런!

5주 완성 사자성어 일정표

● 오늘 배운 사자성어 중 뜻을 아는 것에

01 일차   월   일
퍼즐북 9쪽, 미니북 4쪽

- **01** 언행일치 ☐
- **02** 우공이산 ☐
- **03** 유비무환 ☐
- **04** 타산지석 ☐

출발

17 일차   월   일
퍼즐북 73쪽, 미니북 68쪽

- **65** 견물생심 ☐
- **66** 과유불급 ☐
- **67** 교각살우 ☐
- **68** 일확천금 ☐

18 일차   월   일
퍼즐북 77쪽, 미니북 72쪽

- **69** 견원지간 ☐
- **70** 막상막하 ☐
- **71** 순망치한 ☐
- **72** 이심전심 ☐

19 일차   월   일
퍼즐북 81쪽, 미니북 76쪽

- **73** 근묵자흑 ☐
- **74** 동고동락 ☐
- **75** 유유상종 ☐
- **76** 죽마고우 ☐

16 일차   월   일
퍼즐북 69쪽, 미니북 64쪽

- **61** 결자해지 ☐
- **62** 사필귀정 ☐
- **63** 이실직고 ☐
- **64** 인과응보 ☐

드디어 도착이야!
이제 너도
사자성어 왕이야!

도착

25 일차   월   일
퍼즐북 105쪽, 미니북 100쪽

- **97** 동문서답 ☐
- **98** 묵묵부답 ☐
- **99** 적반하장 ☐
- **100** 중언부언 ☐

15 일차   월   일
퍼즐북 65쪽, 미니북 60쪽

- **57** 개과천선 ☐
- **58** 노심초사 ☐
- **59** 유구무언 ☐
- **60** 자업자득 ☐

14 일차   월   일
퍼즐북 61쪽, 미니북 56쪽

- **53** 구사일생 ☐
- **54** 사면초가 ☐
- **55** 오비이락 ☐
- **56** 풍전등화 ☐

13 일차   월   일
퍼즐북 57쪽, 미니북 52쪽

- **49** 감언이설 ☐
- **50** 삼인성호 ☐
- **51** 유언비어 ☐
- **52** 조삼모사 ☐

12 일차   월   일
퍼즐북 53쪽, 미니북 48쪽

- **45** 금상첨화 ☐
- **46** 일거양득 ☐
- **47** 일사천리 ☐
- **48** 전화위복 ☐

퍼즐런 참가 신청서

사자성어 부문

이름:

위 사람은 퍼즐런 대회에 참가하여

퍼즐런 친구들과 함께 결승점까지

열심히 달려갈 것을 서약합니다.

20   년   월   일

사자성어는 한자 네 자로 이루어진 말이야.

짧은 단어이지만 그 안에 많은 뜻을 담고 있지.

그래서 길게 설명해야 하는 말들도

사자성어 하나면 짤막하게 표현할 수 있어.

생활 속에서 사자성어를 잘 활용하면

생각이나 느낌을 쉽고 효과적으로 표현할 수 있겠지.

아울러 사자성어의 뜻과 쓰임을 잘 이해한다면

어휘력과 문해력을 키우는 데에도 크게 도움이 될 거야.

어려울 것 같다고? 걱정하지 마!

이 책은 재미있는 퍼즐로만 가득 차 있거든.

사자성어를 하루에 4개씩, 25일 동안 여러 가지 퍼즐로 익히다 보면

어느새 '사자성어 왕'이 되어 있을 거야!

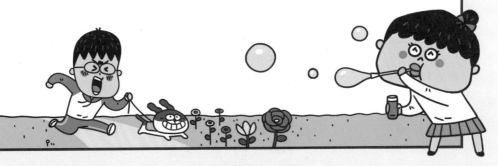

구성과 특징

퍼즐런 사자성어
이렇게 활용하세요!

퍼즐런은 두 가지 방법으로 활용할 수 있어요. 자신에게 맞는 방법을 선택해서 사자성어를 재미있게 공부해요.

  사자성어를 **처음** 공부한다면

먼저 미니북으로 사자성어를 익혀요.
그리고 퍼즐북을 풀며 사자성어를 내 것으로 만들어 보세요.

미니북   퍼즐북

 사자성어를 **어느정도** 알고 있다면

먼저 퍼즐북을 차근차근 풀어 보세요.
중간중간 모르는 내용은 미니북을 참고하면서 해결해 보세요.

 +

퍼즐북   미니북

퍼즐북

Fun! Puzzle! Learn! 배워요
재미있게   퍼즐로

1 시작 퍼즐로 사자성어 확인하기

그날에 배울 사자성어와 기본 뜻을 확인해요.

2 간단한 퍼즐로 사자성어 뜻 알기

빈칸 채우기, 색칠하기 등의 퍼즐을 통해 사자성어의 뜻을 익혀요.

퍼즐런에는
정답 페이지가 없어요!
미니북과 함께 공부하며
퍼즐을 완성한 후에
일차별 QR 코드를 찍어
정답을 확인해요!

3 다양한 퍼즐로 **사자성어의 활용 익히기**

비밀번호 찾기, 땅따먹기 등 다양한 퍼즐에 나오는 생활 속 예문을 통해 쓰임을 이해해요.

미니북

초등학생이 꼭 알아야 할 사자성어 100개를
그림과 함께 배워요.

그림을 보며
사자성어의 뜻을 이해해요.

사자성어의 뜻을 알고
생활 속에서 사자성어를
어떻게 활용하는지
살펴봐요.

4 가로세로 퍼즐로 **마무리하기**

가로세로 퍼즐로 사자성어를 써 보면서 학
습을 마무리해요. 사자성어 외에 초등학생
이 알아야 할 필수 어휘도 함께 점검할 수
있어요.

차례

퍼즐런과 함께 매일매일
하루 4개씩 25일 동안 사자성어를 배워요!

차례

● 미니북 4~7쪽

 다음 뜻을 보고 각 글자에 ○표를 하여 그림에 어울리는 사자성어를 완성하세요.

언행일치
말과 행동이 하나로 들어 맞거나 말한 대로 행동함을 이르는 말.

우공이산
우공이 산을 옮긴다는 뜻으로, 어떤 일이든 끊임없이 노력하면 반드시 이루어짐을 이르는 말.

유비무환
미리 준비가 되어 있으면 걱정할 것이 없다는 말.

타산지석
다른 산의 못난 돌이라도 자신의 옥돌을 갈 때 쓸 수 있다는 뜻으로, 남의 잘못된 말이나 행동도 자신을 갈고닦는 데에 도움이 될 수 있다는 말.

❶ 산을 옮기겠다니 정말 어리석네요.
꾸준히 하다 보면 언젠가는 큰 산도 옮겨지지 않겠소.

| 유 | 우 | 비 | 공 | 이 | 산 |

❷ 여름에 미리 식량을 모아 두니 겨울에도 걱정이 없네!
뿌듯

| 유 | 비 | 일 | 무 | 치 | 환 |

❸ 못난 돌이지만 내 옥돌을 갈 때 쓰면 좋겠는걸.

| 타 | 우 | 산 | 공 | 지 | 석 |

❹ 97개! 98개!
매일 줄넘기를 100개씩 할 거야!
내가 한 말은 지켜야지.

| 지 | 언 | 행 | 석 | 일 | 치 |

주어진 뜻을 보고 빈칸에 들어갈 알맞은 글자를 찾아 써서 사자성어를 완성하세요.

❶ 미리 준비가 되어 있으면 걱정할 것이 없다는 말이에요.

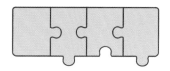

❷ 말과 행동이 하나로 들어맞거나 말한 대로 행동함을 이르는 말이에요.

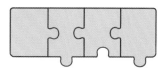

❸ 우공이 산을 옮긴다는 뜻으로, 어떤 일이든 끊임없이 노력하면 반드시 이루어짐을 이르는 말이에요.

❹ 다른 산의 못난 돌이라도 자신의 옥돌을 갈 때 쓸 수 있다는 뜻으로, 남의 잘못된 말이나 행동도 자신을 갈고닦는 데에 도움이 될 수 있다는 말이에요.

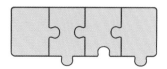

문장 속 빈칸에 들어갈 사자성어를 고른 후, 사자성어 아래의 숫자를 비밀번호 칸에서 찾아 색칠하세요.

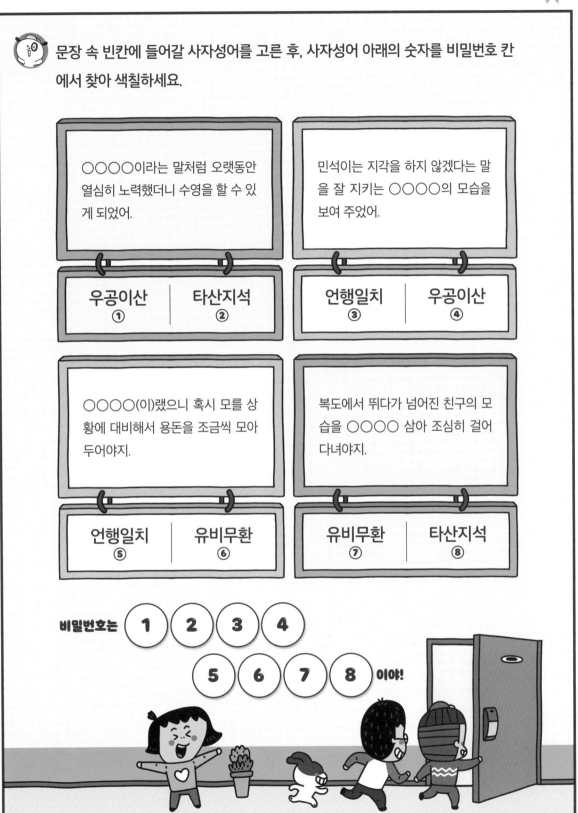

○○○○이라는 말처럼 오랫동안 열심히 노력했더니 수영을 할 수 있게 되었어.

| 우공이산 ① | 타산지석 ② |

민석이는 지각을 하지 않겠다는 말을 잘 지키는 ○○○○의 모습을 보여 주었어.

| 언행일치 ③ | 우공이산 ④ |

○○○○(이)랬으니 혹시 모를 상황에 대비해서 용돈을 조금씩 모아 두어야지.

| 언행일치 ⑤ | 유비무환 ⑥ |

복도에서 뛰다가 넘어진 친구의 모습을 ○○○○ 삼아 조심히 걸어 다녀야지.

| 유비무환 ⑦ | 타산지석 ⑧ |

비밀번호는 1 2 3 4 5 6 7 8 이야!

아래 열쇠를 보고 가로세로 퍼즐을 완성하세요.

연두색 칸에는 오늘 배운 사자성어가 들어가요.

가로 열쇠

2 **사자성어** 미리 준비가 되어 있으면 걱정할 것이 없다는 말.

4 뛰어나고 훌륭한 사람의 업적과 삶을 적은 글이나 책.

6 꼬리가 아홉 개 달린 여우.

7 자물쇠를 잠그거나 여는 데 사용하는 물건. **예** ○○이/가 없어서 현관문을 못 열었어.

9 **사자성어** 다른 산의 못난 돌이라도 자신의 옥돌을 갈 때 쓸 수 있다는 뜻으로, 남의 잘못된 말이나 행동도 자신을 갈고닦는 데에 도움이 될 수 있다는 말.

11 교육 활동의 한 가지로, 실제로 보고 들으며 지식을 넓히기 위해 학생들이 평소에 대하지 못한 곳에서 교사의 지도를 받으며 하는 여행. **예** 우리 학교 ○○○○ 장소는 경주로 결정되었다.

13 발의 뒤쪽 발바닥과 발목 사이의 불룩한 부분. **예** 높은 곳에 있는 물건을 꺼내려고 ○○○을/를 들었다.

세로 열쇠

1 신기한 힘과 재주를 가지고 있어 사람을 홀리기도 하고 짓궂은 장난을 하며, 동물이나 사람의 모습을 한 이야기 속의 존재. **예** ○○○ 방망이

3 찌는 듯이 아주 더운 날씨.

5 가입된 전화마다 매겨져 있는 일정한 번호. **예** 휴대 전화에 친구의 ○○○○을/를 저장하다.

6 돈이나 재물 등을 몹시 아끼는 사람.

8 **사자성어** 우공이 산을 옮긴다는 뜻으로, 어떤 일이든 끊임없이 노력하면 반드시 이루어짐을 이르는 말.

10 땅속 깊이 항상 흐르고 있는 물. **예** 쓰레기를 땅에 묻어서 ○○○이/가 오염되었다.

12 **사자성어** 말과 행동이 하나로 들어맞거나 말한 대로 행동함을 이르는 말.

13 머리의 뒷부분. **예** 나는 ○○○이/가 납작하다.

올해도 참 많은 일이 있었지.

조개랑 새가 싸우는 사이에 둘 다 잡아야지.

생일날 배탈이라니! 갑자기 이게 무슨 일이야.

도망갔던 말이 훌륭한 말을 데리고 돌아왔네!

다사다난

여러 가지 일도 많고 어려움이나 탈도 많다는 말.

새옹지마

인생의 좋고 나쁨은 변화가 많아서 예측할 수 없다는 말.

어부지리

두 사람이 이해관계로 서로 싸우는 사이에 엉뚱한 사람이 애쓰지 않고 가로챈 이익을 이르는 말.

호사다마

좋은 일에는 흔히 방해되는 일이 많이 생긴다는 말.

글자판에 가로, 세로, 대각선 방향으로 사자성어가 놓여 있습니다. 각 친구들이 설명하는 사자성어를 찾아 쓰세요.

여러 가지 일도 많고 어려움이나 탈도 많다는 말이야.

두 사람이 이해관계로 서로 싸우는 사이에 엉뚱한 사람이 애쓰지 않고 가로챈 이익을 이르는 말이야.

인생의 좋고 나쁨은 변화가 많아서 예측할 수 없다는 말이야.

좋은 일에는 흔히 방해되는 일이 많이 생긴다는 말이야.

문장 속 빈칸에 들어갈 사자성어 퍼즐 조각을 차례대로 붙였을 때 (가)~(라) 중 알 맞은 것에 ○표를 하세요.

❶ 오늘은 사건과 사고가 매우 많은 ○○○○한 하루를 보냈다.

| 다사다난 | ★ |
| 새옹지마 | ★ |

❷ ○○○○라더니 길을 잘못 들어서 약속에 늦을 줄 알았는데 알고 보니 지름길이었지 뭐야.

| 새옹지마 | ● |
| 어부지리 | ● |

❸ 축구 대회에서 1반과 3반이 서로 다투어 실격되는 바람에 2반이 ○○○○로 결승에 올랐다.

| 어부지리 | ■ |
| 호사다마 | ■ |

❹ ○○○○라고 드디어 갖고 싶던 장난감을 살 수 있게 되었는데 사러 가는 길에 용돈을 잃어버렸어.

| 어부지리 | ▲ |
| 호사다마 | ▲ |

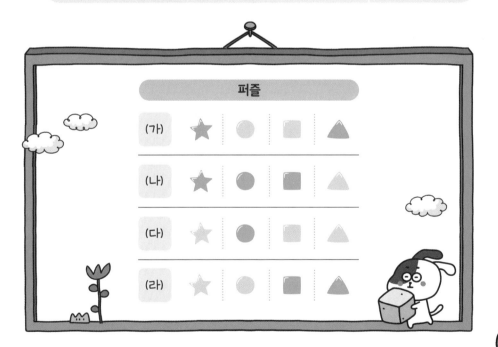

퍼즐

(가)	★	●	■	▲
(나)	★	●	■	▲
(다)	★	●	■	▲
(라)	★	●	■	▲

아래 열쇠를 보고 가로세로 퍼즐을 완성하세요.

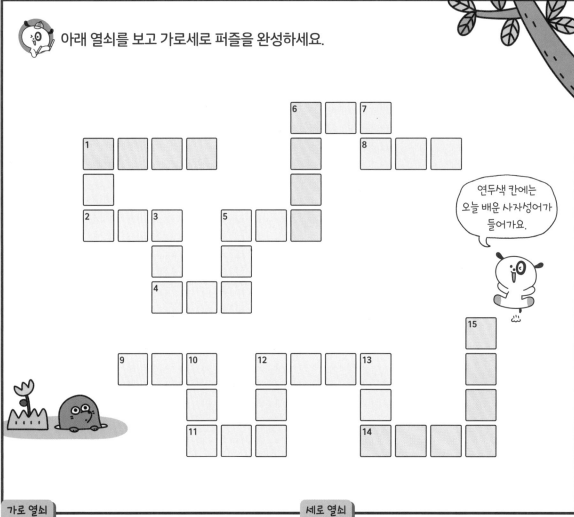

연두색 칸에는 오늘 배운 사자성어가 들어가요.

가로 열쇠

1 **사자성어** 두 사람이 이해관계로 서로 싸우는 사이에 엉뚱한 사람이 애쓰지 않고 가로챈 이익을 이르는 말.
2 어떤 일이 있은 그다음의 날. **예** 밤새 아팠는데 ○○○ 아침이 되자 씻은 듯이 나았다.
4 어떤 분야에 전문적 기술을 가진 사람. **비슷한말** 기술가
5 불을 가지고 노는 장난.
6 집의 천장과 지붕 사이의 공간을 이용하여 꾸민 방.
8 귀지를 파내는 기구.
9 날고 있는 비행기에서 사람이나 물건을 안전하게 땅 위에 내리도록 하는 데 쓰는, 펼친 우산처럼 생긴 기구. **예** 하늘에서 ○○○을/를 펴다.
11 떨어지거나 맺혀 있는 작고 동글동글한 물의 덩이.
12 초등학교에 다니는 학생.
14 **사자성어** 인생의 좋고 나쁨은 변화가 많아서 예측할 수 없다는 말.

세로 열쇠

1 '어린아이'를 대접하거나 격식을 갖추어 이르는 말. 보통 4, 5세부터 초등학생까지의 아이를 말함. **예** 놀이터에서 ○○○들이 놀고 있다.
3 말리거나 익히거나 가공하지 않은 고기. **비슷한말** 생고기
5 부모를 효성스럽게 잘 모시지 않는 자식.
6 **사자성어** 여러 가지 일도 많고 어려움이나 탈도 많다는 말.
7 몸속에서 항문으로 나오는 구린내 나는 기체. **예** ○○을/를 뀌다.
10 산에서 나는 나물.
12 이른 겨울.
13 생긴 모양새. **예** 얼굴 ○○○.
15 **사자성어** 좋은 일에는 흔히 방해되는 일이 많이 생긴다는 말.

● 미니북 12~15쪽

 다음 사자성어가 어떻게 쓰이는지 길을 따라 내려가서 확인하세요.

견문발검

모기를 보고 칼을 빼다는 뜻으로, 사소한 일에 크게 성내어 덤빔을 이르는 말.

배은망덕

남에게 입은 은혜를 저버리고 배신하는 태도를 나타내는 말.

우유부단

어물어물 망설이기만 하고 결정적인 판단을 하는 능력이 없음을 이르는 말.

호가호위

남의 권력과 세력을 빌려 위세를 부린다는 말.

○○○○한 친구가 30분째 무엇을 고를지 결정을 못하고 있어.

모기를 잡겠다고 칼을 뽑다니 ○○○○이야!

물에 빠진 사람을 구해 주었더니 ○○○○하군.

여우가 호랑이를 등에 업고 ○○○○하네!

빈칸에 들어갈 알맞은 사자성어를 주어진 글자 카드 중 네 개를 골라 써서 완성하세요.

❶ ☐☐☐☐ 은/는 남의 권력과 세력을 빌려 위세를 부린다는 말이에요.

호 우 가 유 호 위

❷ ☐☐☐☐ 은/는 남에게 입은 은혜를 저버리고 배신하는 태도를 나타내는 말이에요.

배 호 은 망 위 덕

❸ ☐☐☐☐ 은/는 어물어물 망설이기만 하고 결정적인 판단을 하는 능력이 없음을 이르는 말이에요.

우 견 유 부 문 단

❹ ☐☐☐☐ 은/는 모기를 보고 칼을 뺀다는 뜻으로, 사소한 일에 크게 성내어 덤빔을 이르는 말이에요.

배 견 문 망 발 검

문장 속 빈칸에 들어갈 사자성어를 말한 친구가 그 땅을 차지할 수 있어요. 다음 중 가장 많은 땅을 차지하게 될 친구를 골라 ○표를 하세요.

견문발검

배은망덕

우유부단

호가호위

나는 ○○○○해서 내 꿈을 정하지 못하고 늘 고민한다.

형은 ○○○○해서 방과 후 수업 때 무엇을 배울지 결정하지 못하였다.

평소에 자기를 많이 도와준 친구를 흉보고 다니다니 ○○○○한 행동이야.

○○○○한 서연이는 식당에 가면 메뉴를 고르는 데 시간이 오래 걸려.

친구의 사소한 잘못에 지나치게 화를 내는 것은 ○○○○와/과 같은 행동이야.

힘센 누리와 친구인 성훈이는 누리의 이름에 기대어 거들먹거리고 ○○○○하였다.

소진이는 유명한 동생을 등에 업고 자신이 더 뽐내며 ○○○○하였다.

내 빵을 한 입 먹게 해 주었더니 단팥이 든 부분을 홀랑 다 먹다니 정말 ○○○○해!

우리 모둠 조장 유찬이는 ○○○○해서 모둠 과제를 할 때 무엇을 먼저 해야 할지 갈팡질팡하였다.

아래 열쇠를 보고 가로세로 퍼즐을 완성하세요.

연두색 칸에는 오늘 배운 사자성어가 들어가요.

가로 열쇠

1 배구 경기에 쓰는 공.
3 한 군데도 빠짐이 없는 모든 곳. 예 삼촌은 여행을 좋아해서 전국 ○○○○을/를 찾아다닌다.
5 음식을 만들어 손님들에게 파는 가게. 비슷한말 음식점
7 아이를 낳는 것. 예 엊그제 ○○한 산모에게 축하 선물을 주었다.
8 사자성어 모기를 보고 칼을 뺀다는 뜻으로, 사소한 일에 크게 성내어 덤빔을 이르는 말.
10 무를 소금과 쌀겨 속에 넣어 만드는 일본식 반찬.
예 김밥을 먹자 속에 들어 있는 ○○○이/가 새콤하게 씹힌다.
12 사자성어 남의 권력과 세력을 빌려 위세를 부린다는 말.
14 머리털의 낱개. 예 영유의 긴 ○○○○이/가 바람에 휘날린다.

세로 열쇠

1 사자성어 남에게 입은 은혜를 저버리고 배신하는 태도를 나타내는 말.
2 공부하기 위하여 따로 마련한 방. 예 나는 ○○○에서 공부를 한다.
4 쌀, 보리, 밀, 콩과 같은 먹을거리. 예 들판에 ○○이/가 익어가고 있었다.
6 제주도 가운데에 있는 산. 산꼭대기에 백록담이 있음.
7 드나드는 문. 예 ○○○을/를 열고 건물을 나섰다.
9 사자성어 어물어물 망설이기만 하고 결정적인 판단을 하는 능력이 없음을 이르는 말.
11 부모의 아버지를 이르거나 부르는 말.
12 아주 큰 고양이처럼 생겼고 누런 바탕에 검은 줄무늬가 나 있으며, 다른 동물을 잡아먹고 사는 짐승.
예 ○○○도 제 말하면 온다.
13 옷의 일정한 곳에 헝겊을 달거나 덧대어 돈, 소지품 등을 넣도록 만든 부분.

미니북 16~19쪽

 다음 상황에 어울리는 사자성어를 사다리를 타고 내려가서 확인하세요.

설상가상

눈 위에 서리가 덮인다는 뜻으로, 난처한 일이나 불행한 일이 잇따라 일어남을 이르는 말.

어불성설

말이 조금도 이치에 맞지 않다는 말.

용두사미

용의 머리와 뱀의 꼬리라는 뜻으로, 처음은 거창하나 끝이 미미하고 약한 현상을 이르는 말.

청천벽력

맑게 갠 하늘에서 치는 날벼락이라는 뜻으로, 뜻밖에 일어난 큰 사고나 사건을 빗대어 표현하는 말.

주어진 뜻을 보고 빈칸에 들어갈 알맞은 글자를 찾아 써서 사자성어를 완성하세요.

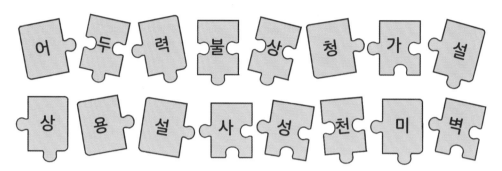

① 말이 조금도 이치에 맞지 않다는 말이에요.

② 눈 위에 서리가 덮인다는 뜻으로, 난처한 일이나 불행한 일이 잇따라 일어남을 이르는 말이에요.

③ 용의 머리와 뱀의 꼬리라는 뜻으로, 처음은 거창하나 끝이 미미하고 약한 현상을 이르는 말이에요.

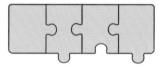

④ 맑게 갠 하늘에서 치는 날벼락이라는 뜻으로, 뜻밖에 일어난 큰 사고나 사건을 빗대어 표현하는 말이에요.

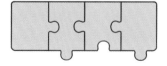

각 문장 속에서 사자성어가 바르게 활용되었는지 확인하세요. 그중 사자성어를 바르게 활용한 방만 통과하여 방을 탈출해 보세요.

방 탈출 규칙

• 벽이 뚫린 곳을 통과할 수 있습니다.
• 각 방은 한 번씩만 통과할 수 있습니다.
• 사자성어를 올바르게 활용한 문장은 모두 통과해야 합니다.

출발

감기에 걸렸는데 설상가상으로 배탈까지 났다.

거창하게 시작했던 행사가 흐지부지되어 어불성설로 마무리되었다.

넘어져서 다쳤는데 어불성설로 바지까지 찢어졌다.

공부는 하지 않으면서 성적을 올리겠다는 것은 어불성설이다.

전학 갔던 단짝 친구가 다시 우리 동네로 이사를 오다니 용두사미 같아!

매일 늦게 자면서 피곤하지 않기를 바라다니 정말 청천벽력이구나.

처음엔 매일 아침 운동하더니 이젠 일주일에 한 번도 안 하다니 용두사미가 따로 없어.

내가 애지중지 모은 붙임딱지를 엄마가 버렸다니 청천벽력 같은 소식이야!

아래 열쇠를 보고 가로세로 퍼즐을 완성하세요.

연두색 칸에는 오늘 배운 사자성어가 들어가요.

가로 열쇠

1 지구를 둘러싼 공기 중에서 일어나는 바람, 비, 눈, 구름 등의 현상을 조사해 일기 예보와 같은 정보를 알리는 중앙 행정 기관. 예 ○○○에서 오늘 비가 온다고 했다.

3 (사자성어) 맑게 갠 하늘에서 치는 날벼락이라는 뜻으로, 뜻밖에 일어난 큰 사고나 사건을 빗대어 표현하는 말.

4 (사자성어) 눈 위에 서리가 덮인다는 뜻으로, 난처한 일이나 불행한 일이 잇따라 일어남을 이르는 말.

7 월요일을 기준으로 한 주의 둘째 날.

8 한국인이 사용하는 언어.

10 우리나라 명절의 하나로, 음력 1월 1일. 예 ○○에 떡국을 먹었다.

12 (사자성어) 용의 머리와 뱀의 꼬리라는 뜻으로, 처음은 거창하나 끝이 미미하고 약한 현상을 이르는 말.

14 경치가 뛰어나거나 유적지, 온천 등이 있어 관광할 만한 곳.

세로 열쇠

2 돈이나 물건 등을 마구 써 버리는 모양. 예 그는 돈을 ○○○○ 쓴다.

5 실제로 경험하지 않은 현상이나 사물에 대하여 마음속으로 그려 보는 힘. 예 지운이는 ○○○이/가 무척 풍부하다.

6 사람의 얼굴을 중심으로 그린 그림. 예 화가가 자신의 ○○○을/를 그렸다.

9 (사자성어) 말이 조금도 이치에 맞지 않는다는 말.

11 한 번만 쓰고 버림. 또는 그런 것. 예 ○○○ 종이컵의 사용을 줄여 환경을 보호하다.

13 미술품을 전시하고 구경시키는 시설. 예 ○○○을/를 돌며 작품을 구경했다.

15 개의 새끼. 예 우리 집 개가 오늘 ○○○ 세 마리를 낳았다.

● 미니북 20~23쪽

다음 퍼즐 모양을 보고 빈칸에 들어갈 알맞은 사자성어를 쓰세요.

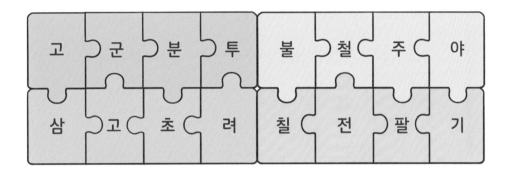

| 고 | 군 | 분 | 투 | 불 | 철 | 주 | 야 |
| 삼 | 고 | 초 | 려 | 칠 | 전 | 팔 | 기 |

❶ 는 훌륭한 인재를 맞아들이기 위하여 참을성 있게 노력한다는 말이에요.

❷ 는 어떤 일에 몰두하여 조금도 쉴 사이 없이 밤낮을 가리지 않는다는 말이에요.

❸ 는 남의 도움을 받지 않고 힘에 벅찬 일을 잘해 나가는 것을 빗대어 표현하는 말이에요.

❹ 는 일곱 번 넘어지고 여덟 번 일어난다는 뜻으로, 여러 번 실패하여도 굴하지 않고 꾸준히 노력함을 이르는 말이에요.

다음 빈칸에 들어갈 말을 낱말판 에서 모두 찾아 색칠하세요. 색칠했을 때 나타나는 모양을 ❶~❹ 중에서 골라 ◯표를 하세요.

- '고군분투'는 남의 ◯◯을/를 받지 않고 힘에 벅찬 일을 잘해 나가는 것을 빗대어 표현하는 말이에요.
- '불철주야'는 어떤 일에 몰두하여 조금도 쉴 사이 없이 ◯◯을/를 가리지 않는다는 말이에요.
- '삼고초려'는 훌륭한 ◯◯을/를 맞아들이기 위하여 참을성 있게 노력한다는 말이에요.
- '칠전팔기'는 일곱 번 넘어지고 여덟 번 일어난다는 뜻으로, 여러 번 ◯◯ 하여도 굴하지 않고 꾸준히 노력함을 이르는 말이에요.

 낱말판

나라	노래	노을	도구
도움	믿음	밤낮	사랑
성공	실패	원수	음식
인재	장소	합격	호흡

❶ ❷ ❸ ❹

문장 속 빈칸에 들어갈 사자성어를 고른 후, 사자성어 아래의 숫자를 비밀번호 칸에서 찾아 색칠하세요.

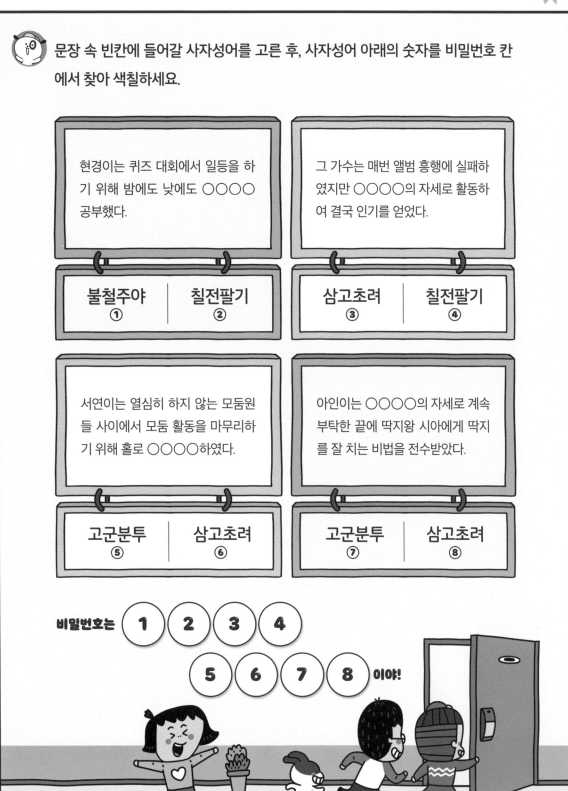

현경이는 퀴즈 대회에서 일등을 하기 위해 밤에도 낮에도 ○○○○ 공부했다.

불철주야	칠전팔기
①	②

그 가수는 매번 앨범 흥행에 실패하였지만 ○○○○의 자세로 활동하여 결국 인기를 얻었다.

삼고초려	칠전팔기
③	④

서연이는 열심히 하지 않는 모둠원들 사이에서 모둠 활동을 마무리하기 위해 홀로 ○○○○하였다.

고군분투	삼고초려
⑤	⑥

아인이는 ○○○○의 자세로 계속 부탁한 끝에 딱지왕 시아에게 딱지를 잘 치는 비법을 전수받았다.

고군분투	삼고초려
⑦	⑧

비밀번호는 ① ② ③ ④ ⑤ ⑥ ⑦ ⑧ 이야!

아래 열쇠를 보고 가로세로 퍼즐을 완성하세요.

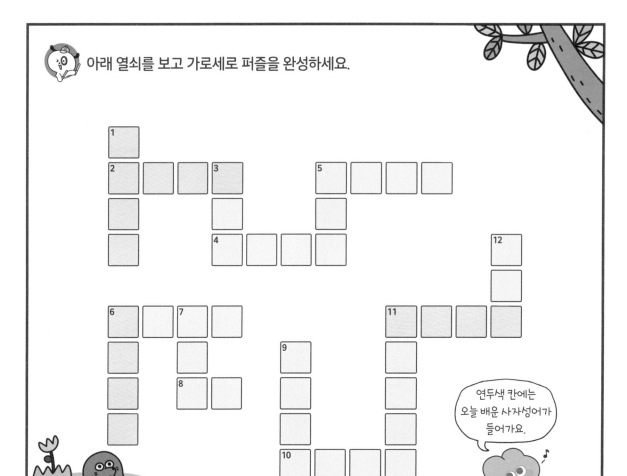

연두색 칸에는 오늘 배운 사자성어가 들어가요.

가로 열쇠

2 (사자성어) 남의 도움을 받지 않고 힘에 벅찬 일을 잘해 나가는 것을 빗대어 표현하는 말.

4 크고 환하게 웃는 웃음. 예 누리는 선물을 보고 기분이 좋아 ○○○○을/를 지었다.

5 팔이나 꼬리 등을 가볍게 자꾸 흔드는 모양. 예 강아지가 꼬리를 ○○○○ 흔들었다.

6 화약을 공중으로 쏘아 올려 여러 가지 색과 모양의 불꽃이 일어나게 하는 놀이.

8 집터가 되는 땅. 살림의 근거지가 되는 곳. 예 바다는 어부들의 삶의 ○○이다.

10 김치를 넣고 끓인 찌개. 예 김치와 돼지고기를 듬뿍 넣어 ○○○○을/를 끓였다.

11 (사자성어) 일곱 번 넘어지고 여덟 번 일어난다는 뜻으로, 여러 번 실패하여도 굴하지 않고 꾸준히 노력함을 이르는 말.

세로 열쇠

1 (사자성어) 훌륭한 인재를 맞아들이기 위하여 참을성 있게 노력한다는 말.

3 투표한 종이를 넣는 상자. 예 투표가 끝나자 ○○○을/를 열고 선거 결과를 확인했다.

5 얇게 살짝 언 얼음. 예 강에 ○○○○이/가 얼다.

6 (사자성어) 어떤 일에 몰두하여 조금도 쉴 사이 없이 밤낮을 가리지 않는다는 말.

7 주로 아이들이 놀이를 하는 곳으로, 여러 가지 놀이 기구가 마련되어 있는 곳. 예 ○○○○에서 미끄럼틀을 탔다.

9 감자를 썰어서 기름에 튀겨 낸 음식. 예 햄버거 가게에서 ○○○○와/과 콜라를 사 먹었다.

11 주로 칠판이나 화이트보드 등에 쓴 글씨나 그림을 문질러 지우도록 만든 도구.

12 빨래하는 기계. 예 ○○○에 빨랫감을 넣고 돌리다.

답답하다, 답답해

● 미니북 24~27쪽

다음 뜻을 보고 각 글자에 ○표를 하여 그림에 어울리는 사자성어를 완성하세요.

각주구검

배에 새겨 칼을 찾는다는 뜻으로, 융통성 없이 현실에 맞지 않는 낡은 생각을 고집하는 어리석음을 이르는 말.

등하불명

등잔 밑이 어둡다는 뜻으로, 가까이에 있는 물건이나 사람을 잘 찾지 못함을 이르는 말.

목불식정

아주 간단한 글자인 '丁' 자를 보고도 그것이 '고무래'인 줄을 알지 못한다는 뜻으로, 아주 까막눈임을 이르는 말.

우이독경

쇠귀에 경 읽기라는 뜻으로, 아무리 가르치고 일러 주어도 알아듣지 못함을 이르는 말.

| 목 | 각 | 불 | 식 | 검 | 정 |

| 등 | 우 | 하 | 이 | 독 | 경 |

| 등 | 식 | 하 | 정 | 불 | 명 |

| 각 | 주 | 우 | 이 | 구 | 검 |

주어진 뜻을 보고 빈칸에 들어갈 알맞은 글자를 찾아 써서 사자성어를 완성하세요.

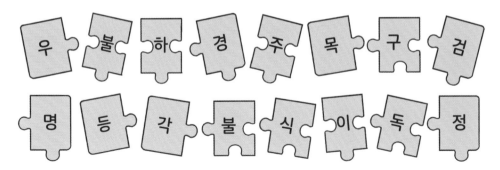

① 쇠귀에 경 읽기라는 뜻으로, 아무리 가르치고 일러 주어도 알아듣지 못함을 이르는 말이 에요.

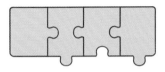

② 등잔 밑이 어둡다는 뜻으로, 가까이에 있는 물건이나 사람을 잘 찾지 못함을 이르는 말이 에요.

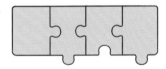

③ 아주 간단한 글자인 'ㅜ' 자를 보고도 그것이 '고무래'인 줄을 알지 못한다는 뜻으로, 아주 까막눈임을 이르는 말이에요.

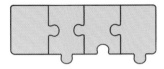

④ 배에 새겨 칼을 찾는다는 뜻으로, 융통성 없이 현실에 맞지 않는 낡은 생각을 고집하는 어리석음을 이르는 말이에요.

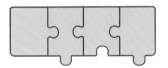

문장 속 빈칸에 들어갈 사자성어를 말한 친구가 그 땅을 차지할 수 있어요. 다음 중 가장 많은 땅을 차지하게 될 친구를 골라 ○표를 하세요.

각주구검   등하불명   목불식정   우이독경

내 동생은 아직 글자를 배우지 않아서 ○○○○이다.

낫을 보고도 기역 자를 모르다니 ○○○○이 따로 없네.

한참 찾아 헤맨 건물이 바로 근처에 있었다니 ○○○○이다.

○○○○이라더니 책상 밑에 떨어진 지우개를 못 보고 계속 찾았네.

사용한 물건은 바로 정리하라고 아무리 말해도 듣질 않으니 ○○○○이야.

복사기가 있는데 인쇄물을 일일이 손으로 베껴 쓰는 것은 ○○○○과 같아.

숙제를 하고 놀라는 엄마의 말씀을 들은 척도 안 하고 놀기만 하다니 ○○○○이구나.

수연이는 주변에서 아무리 편식하지 말라고 충고해도 ○○○○처럼 듣지 않고 소시지만 먹는다.

달리는 자전거에서 떨어뜨린 물건을 한참 달리고 난 뒤에 자전거 밑에서 찾으려 하다니 ○○○○이야.

아래 열쇠를 보고 가로세로 퍼즐을 완성하세요.

연두색 칸에는 오늘 배운 사자성어가 들어가요.

가로 열쇠

1 '생일'을 높여 이르는 말.
3 (사자성어) 등잔 밑이 어둡다는 뜻으로, 가까이에 있는 물건이나 사람을 잘 찾지 못함을 이르는 말.
5 쇠고기, 돼지고기 등을 파는 가게.
7 (사자성어) 쇠귀에 경 읽기라는 뜻으로, 아무리 가르치고 일러 주어도 알아듣지 못함을 이르는 말.
8 나라의 경사를 기념하기 위하여, 국가에서 법률로 정한 경축일. 예 우리나라 ○○○은/는 삼일절, 제헌절, 광복절, 개천절, 한글날이 있다.
9 먹고 난 뒤의 그릇을 씻어 정리하는 일.
11 (사자성어) 배에 새겨 칼을 찾는다는 뜻으로, 융통성 없이 현실에 맞지 않는 낡은 생각을 고집하는 어리석음을 이르는 말.
13 여러 가지 색깔이 나게 만든 연필.
15 선거나 심사에서 뽑힘.

세로 열쇠

2 건널목, 횡단보도에서 자동차나 사람의 통행을 지시하는 전기 불빛 장치. 예 ○○○이/가 빨간불일 때는 멈춰야 한다.
4 (사자성어) 아주 간단한 글자인 'ㄱ' 자를 보고도 그것이 '고무래'인 줄을 알지 못한다는 뜻으로, 아주 까막눈임을 이르는 말.
6 두 개 이상의 볼록 렌즈를 써서 멀리 있는 물체 등을 크고 정확하게 보도록 만든 기구. 예 ○○○(으)로 달을 관찰하다.
7 우편 업무와 전신·전보 등의 업무를 맡아보는 공공 기관.
10 정해진 시각보다 늦게 출근하거나 등교함. 예 나는 아침잠이 많아 ○○을/를 자주 한다.
12 숯이나 먹의 빛깔과 같이 어둡고 짙은 색. 예 ○○○(으)로 밤하늘을 색칠했다.
14 많이 깎아 써서 길이가 아주 짧아진 연필.

공부한 날+

월   일

정답 보기

● 미니북 28~31쪽

 다음 사자성어가 어떻게 쓰이는지 길을 따라 내려가서 확인하세요.

수주대토

한 가지 일에만 얽매여 발전을 모르는 어리석은 사람을 빗대어 표현하는 말.

안하무인

눈 아래에 사람이 없다는 뜻으로, 세상에서 자기가 가장 잘난 듯이 남을 업신여기는 태도를 이르는 말.

이란투석

달걀로 돌을 친다는 뜻으로, 아주 약한 것으로 강한 것에 대항하려는 어리석음을 빗대어 표현하는 말.

천하태평

어떤 일에 무관심한 상태로 걱정 없이 편안하게 있는 태도를 가벼운 놀림조로 이르는 말.

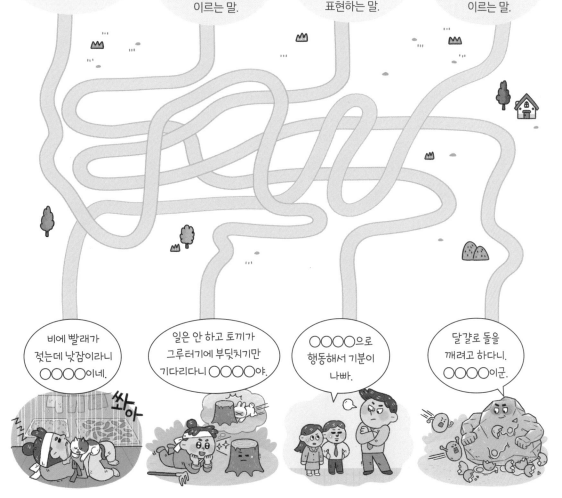

비에 빨래가 젖는데 낮잠이라니 ○○○○이네.

일은 안 하고 토끼가 그루터기에 부딪치기만 기다리다니 ○○○○야.

○○○○으로 행동해서 기분이 나빠.

달걀로 돌을 깨려고 하다니. ○○○○이군.

빈칸에 들어갈 알맞은 사자성어를 주어진 글자 카드 중 네 개를 골라 써서 완성하세요.

① ☐☐☐☐ 은/는 한 가지 일에만 얽매여 발전을 모르는 어리석은 사람을 빗대어 표현하는 말이에요.

수 천 주 하 대 토

② ☐☐☐☐ 은/는 어떤 일에 무관심한 상태로 걱정 없이 편안하게 있는 태도를 가벼운 놀림조로 이르는 말이에요.

천 수 주 하 태 평

③ ☐☐☐☐ 은/는 달걀로 돌을 친다는 뜻으로, 아주 약한 것으로 강한 것에 대항하려는 어리석음을 빗대어 표현하는 말이에요.

안 이 란 투 하 석

④ ☐☐☐☐ 은/는 눈 아래에 사람이 없다는 뜻으로, 세상에서 자기가 가장 잘난 듯이 남을 업신여기는 태도를 이르는 말이에요.

이 안 하 란 무 인

각 문장 속에서 사자성어가 바르게 활용되었는지 확인하세요. 그중 사자성어를 바르게 활용한 방만 통과하여 방을 탈출해 보세요.

방 탈출 규칙

• 벽이 뚫린 곳을 통과할 수 있습니다.
• 각 방은 한 번씩만 통과할 수 있습니다.
• 사자성어를 올바르게 활용한 문장은 모두 통과해야 합니다.

아래 열쇠를 보고 가로세로 퍼즐을 완성하세요.

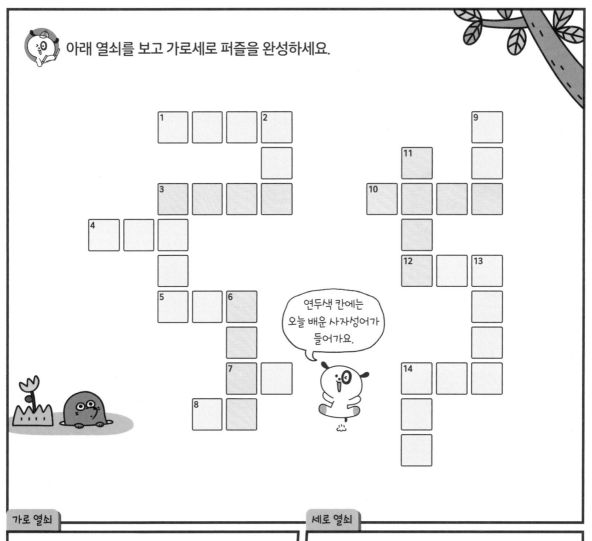

연두색 칸에는 오늘 배운 사자성어가 들어가요.

가로 열쇠

1 나무의 큰 줄기에서 여러 갈래로 뻗어 나는 줄기.

3 사자성어 한 가지 일에만 얽매여 발전을 모르는 어리석은 사람을 빗대어 표현하는 말.

4 어려움과 쉬움의 정도. 예 시험 문제의 ○○○을/를 예측할 수가 없다.

5 걸을 때에 도움을 받기 위하여 짚는 막대기. 예 할아버지가 ○○○을/를 짚고 걷는다.

7 선거를 하거나 옳고 그름을 결정할 때 용지에 표시하여 일정한 곳에 내는 일.

8 민족 명절의 하나인, 음력 8월 15일. 비슷한말 한가위

10 사자성어 어떤 일에 무관심한 상태로 걱정 없이 편안하게 있는 태도를 가벼운 놀림조로 이르는 말.

12 괴로움이나 어려움을 참고 견디는 마음. 예 조금만 더 ○○○을/를 가지고 기다려 보자.

14 어떤 물건을 손으로 잡기 쉽게 만들어 붙여 놓은 부분. 예 버스가 심하게 흔들려서 ○○○을/를 꽉 붙잡았다.

세로 열쇠

2 종이를 잘게 찢어서 물에 적신 후, 풀을 섞어 찰흙처럼 만든 미술 재료. 예 미술 시간에 ○○○(으)로 인형을 만들었다.

3 수돗물을 나오게 하거나 막는 장치. 예 수돗물을 쓰고 나면 ○○○○을/를 꼭 잠가야 한다.

6 사자성어 달걀로 돌을 친다는 뜻으로, 아주 약한 것으로 강한 것에 대항하려는 어리석음을 빗대어 표현하는 말.

9 한쪽으로 치우쳐 고르지 못함. 예 매번 1반부터 급식을 먹는 것은 ○○○하다.

11 사자성어 눈 아래에 사람이 없다는 뜻으로, 세상에서 자기가 가장 잘난 듯이 남을 업신여기는 태도를 이르는 말.

13 심술이 매우 많은 사람을 귀엽게 이르는 말.

14 손끝의 다섯 개로 갈라진 부분. 예 네 번째 ○○○에 반지를 끼웠다.

그러지 마 제발

● 미니북 32~35쪽

다음 퍼즐 모양을 보고 빈칸에 들어갈 알맞은 사자성어를 쓰세요.

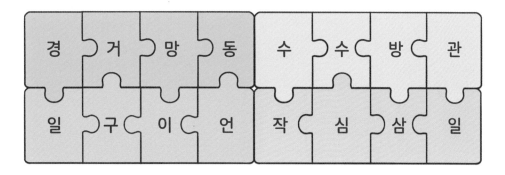

| 경 | 거 | 망 | 동 | 수 | 수 | 방 | 관 |
| 일 | 구 | 이 | 언 | 작 | 심 | 삼 | 일 |

❶ [   ]은 경솔하여 생각 없이 함부로 행동한다는 말이에요.

❷ [   ]은 단단히 먹은 마음이 사흘을 가지 못한다는 뜻으로, 결심이 굳지 못함을 이르는 말이에요.

❸ [   ]은 한 입으로 두말을 한다는 뜻으로, 한 가지 일에 대하여 말을 이랬다저랬다 함을 이르는 말이에요.

❹ [   ]은 팔짱을 끼고 보고만 있다는 뜻으로, 간섭하거나 거들지 아니하고 그대로 버려둠을 이르는 말이에요.

글자판에 가로, 세로, 대각선 방향으로 사자성어가 놓여 있습니다. 각 친구들이 설명하는 사자성어를 찾아 쓰세요.

한 입으로 두말을 한다는 뜻으로, 한 가지 일에 대하여 말을 이랬다저랬다 함을 이르는 말이야.

팔짱을 끼고 보고만 있다는 뜻으로, 간섭하거나 거들지 아니하고 그대로 버려둠을 이르는 말이야.

수	일	경	작
수	구	거	심
방	이	망	삼
관	언	동	일

일	구	이	언
경	거	망	동
작	심	삼	일
수	수	방	관

경	작	심	삼
일	거	일	수
구	언	망	수
이	방	관	동

일	수	경	작
구	수	거	심
이	방	망	삼
언	관	동	일

경솔하여 생각 없이 함부로 행동한다는 말이야.

단단히 먹은 마음이 사흘을 가지 못한다는 뜻으로, 결심이 굳지 못함을 이르는 말이야.

문장 속 빈칸에 들어갈 사자성어 퍼즐 조각을 차례대로 붙였을 때 (가)~(라) 중 알맞은 것에 ◯표를 하세요.

① 엄숙한 자리이니 ◯◯◯◯하지 말고 신중히 행동하렴.

| 경거망동 | ★ |
| 작심삼일 | ★ |

② 편식을 하지 않겠다는 나의 다짐은 ◯◯◯◯(으)로 끝나고 말았어.

| 수수방관 | ● |
| 작심삼일 | ● |

③ 동생이 집을 어지르는 것을 ◯◯◯◯할 수 없어서 동생을 설득해서 함께 정리를 시작했어.

| 수수방관 | ■ |
| 일구이언 | ■ |

④ 성훈아, 오늘 학교 끝나고 나랑 같이 청소하기로 약속해 놓고 어디 가니. 설마 ◯◯◯◯할 건 아니지?

| 경거망동 | ▲ |
| 일구이언 | ▲ |

퍼즐

(가)	★	●	■	▲
(나)	★	●	■	▲
(다)	★	●	■	▲
(라)	★	●	■	▲

아래 열쇠를 보고 가로세로 퍼즐을 완성하세요.

연두색 칸에는 오늘 배운 사자성어가 들어가요.

가로 열쇠

1 남을 생각하지 않고 자기 자신의 이익만을 꾀하는 마음. 예 나는 맛있는 것을 혼자 다 먹으려 하는 언니의 ○○○에 화가 났다.

3 (사자성어) 한 입으로 두말을 한다는 뜻으로, 한 가지 일에 대하여 말을 이랬다저랬다 함을 이르는 말.

4 예술 작품을 창작하거나 표현하는 것을 직업으로 하는 사람.

5 바늘에 실을 꿰어 옷 등을 짓거나 꿰매는 일.

7 (사자성어) 경솔하여 생각 없이 함부로 행동한다는 말.

9 집을 떠나 다른 곳을 여행 중에 있는 사람. 예 지나가던 ○○○이/가 하룻밤 묵기 위해 찾아왔다.

10 사람이 가로로 건너다닐 수 있도록 안전표지나 도로표지를 설치하여 차도 위에 마련한 길.

12 (사자성어) 팔짱을 끼고 보고만 있다는 뜻으로, 간섭하거나 거들지 아니하고 그대로 버려둠을 이르는 말.

세로 열쇠

2 (사자성어) 단단히 먹은 마음이 사흘을 가지 못한다는 뜻으로, 결심이 굳지 못함을 이르는 말.

4 미래에 일어날 일을 미리 알거나 짐작하여 말함. 예 그 점쟁이의 ○○은/는 빗나갔다.

5 바닷물과 땅이 서로 닿은 곳이나 그 근처. 예 ○○○(으)로 여름휴가를 떠났다.

6 눈으로는 볼 수 없을 만큼 작은 물체나 물질을 확대해서 보는 기구. 예 ○○○(으)로 미생물을 관찰하다.

8 온 동네. 또는 이 동네 저 동네. 예 내 비밀을 ○○○○ 떠들고 다니다니 괘씸해.

11 책과 자료를 모아 두고 사람들이 그것을 보거나 빌려 갈 수 있도록 시설을 갖춘 곳. 예 ○○○에서 보고 싶은 소설책을 빌렸다.

12 헤엄을 치면서 놀거나 수영 경기 등을 할 수 있는 시설을 갖춘 곳. (비슷한말) 수욕장, 풀장

• 미니북 36~39쪽

 다음 뜻을 보고 각 글자에 ○표를 하여 그림에 어울리는 사자성어를 완성하세요.

구밀복검
입에는 꿀이 있고 배 속에는 칼이 있다는 뜻으로, 말로는 친한 듯하나 속으로는 해칠 생각이 있음을 이르는 말.

부화뇌동
천둥소리에 맞춰 함께 한다는 뜻으로, 줏대 없이 남의 의견에 따라 움직이는 것을 나타내는 말.

아전인수
자기 논에 물 대기라는 뜻으로, 자기에게만 이롭게 되도록 생각하거나 행동함을 이르는 말.

토사구팽
토끼가 죽으면 토끼를 잡던 사냥개도 필요 없게 되어 주인에게 삶아 먹히게 된다는 뜻으로, 필요할 때는 쓰고 필요 없을 때는 야박하게 버림.

❶

토끼 사냥이 끝났으니 더 이상 필요 없겠군.

| 부 | 동 | 토 | 사 | 구 | 팽 |

❷

멋지십니다.
흠흠

| 구 | 인 | 밀 | 복 | 수 | 검 |

❸

우르릉
우르릉

| 부 | 화 | 토 | 뇌 | 동 | 사 |

❹

자기 논에만 물을 대다니!

| 아 | 전 | 인 | 복 | 수 | 검 |

주어진 뜻을 보고 빈칸에 들어갈 알맞은 글자를 찾아 써서 사자성어를 완성하세요.

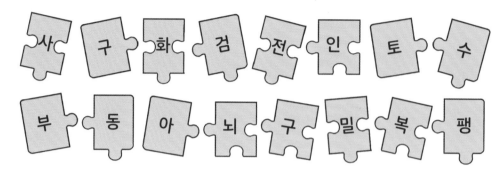

❶ 자기 논에 물 대기라는 뜻으로, 자기에게만 이롭게 되도록 생각하거나 행동함을 이르는 말이에요.

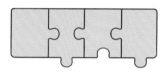

❷ 천둥소리에 맞춰 함께한다는 뜻으로, 줏대 없이 남의 의견에 따라 움직이는 것을 나타내는 말이에요.

❸ 입에는 꿀이 있고 배 속에는 칼이 있다는 뜻으로, 말로는 친한 듯하나 속으로는 해칠 생각이 있음을 이르는 말이에요.

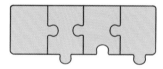

❹ 토끼가 죽으면 토끼를 잡던 사냥개도 필요 없게 되어 주인에게 삶아 먹히게 된다는 뜻으로, 필요할 때는 쓰고 필요 없을 때는 야박하게 버리는 경우를 이르는 말이에요.

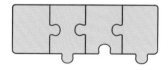

문장 속 빈칸에 들어갈 사자성어를 말한 친구가 그 땅을 차지할 수 있어요. 다음 중 가장 많은 땅을 차지하게 될 친구를 골라 ○표를 하세요.

구밀복검　　부화뇌동　　아전인수　　토사구팽

남들이 말하는 대로 ○○○○하지 말고, 네 생각을 말해 봐.

친구가 전학을 간다고 너도 따라 가겠다니 너무 ○○○○하는 것 같아.

각 모둠은 ○○○○ 격으로 활동 규칙을 자기들에게 유리한 쪽으로 해석했다.

내 앞에서는 나를 칭찬하더니 뒤에서는 날 헐뜯고 다녔을 줄이야. ○○○○이었구나.

잘 모르는 사람이 듣기 좋은 말로 꾀어내려 한다면 혹시 나를 해치려는 ○○○○이/가 아닌지 생각해 봐야 한다.

부탁할 때만 친구를 찾고 도움을 받은 후 ○○○○하면 친구의 기분이 상할 수 있어.

단소 부는 방법을 알려 달라고 해서 열심히 알려 줬더니, 평가가 끝났다고 날 ○○○○하다니……

평소에는 지각하면 안 된다더니 자기가 지각을 하니 그럴 수도 있다고 하다니. ○○○○이/가 심하네.

너도 하고 싶은 것이 있는데 ○○○○(으)로 친구들이 하자는 것만 하는구나.

아래 열쇠를 보고 가로세로 퍼즐을 완성하세요.

연두색 칸에는 오늘 배운 사자성어가 들어가요.

가로 열쇠

1 일정한 시설을 갖추고 라디오나 텔레비전을 통하여 여러 가지 방송을 내보내는 회사. 예 각 ○○○에서 추석 특집 프로그램을 마련했다.

3 (사자성어) 입에는 꿀이 있고 배 속에는 칼이 있다는 뜻으로, 말로는 친한 듯하나 속으로는 해칠 생각이 있음을 이르는 말.

5 많은 사람의 찬성이나 반대에 따라 어떤 일을 결정하는 일. 예 ○○○의 원칙

7 과학을 전문적으로 연구하는 사람.

8 우리 조상 대대로 전해 내려온 문화 중에서 다음 세대에 물려줄 만한 가치가 있는 것. 예 창덕궁은 우리나라의 유네스코 세계 ○○○○이다.

11 자동차 등이 오른쪽 방향으로 도는 것.

13 사람이 있음을 알 수 있게 하는 소리. 예 갑작스러운 ○○○에 깜짝 놀랐다.

14 서로 친하게 지내는 사람.

세로 열쇠

2 (사자성어) 토끼가 죽으면 토끼를 잡던 사냥개도 필요 없게 되어 주인에게 삶아 먹히게 된다는 뜻으로, 필요할 때는 쓰고 필요 없을 때는 야박하게 버리는 경우를 이르는 말.

4 개울이나 물이 괸 곳에 돌이나 흙더미를 드문드문 놓아 만든 다리. 예 ○○○○을/를 건너다.

6 어떤 원인으로 결말이 생김. 또는 그런 결말의 상태. 예 연구 ○○이/가 나오다.

9 (사자성어) 천둥소리에 맞춰 함께한다는 뜻으로, 줏대 없이 남의 의견에 따라 움직이는 것을 나타내는 말.

10 산에서 뾰족하게 높이 솟은 부분. 예 눈이 하얗게 덮인 ○○○○을/를 바라보았다.

12 (사자성어) 자기 논에 물 대기라는 뜻으로, 자기에게만 이롭게 되도록 생각하거나 행동함을 이르는 말.

14 혈통이 어머니와 아버지와 배우자에 가까운 사람. 예 설 때마다 ○○ 어른께 세배를 한다.

미니북 40~43쪽

 다음 상황에 어울리는 사자성어를 사다리를 타고 내려가서 확인하세요.

괄목상대

눈을 비비고 상대편을 본다는 뜻으로, 남의 학식이나 재주가 놀랄 만큼 부쩍 늘음을 이르는 말.

솔선수범

남보다 앞장서서 행동해서 몸소 다른 사람의 본보기가 됨을 이르는 말.

청출어람

쪽에서 뽑아낸 푸른 물감이 쪽보다 더 푸르다는 뜻으로, 제자나 후배가 스승이나 선배보다 나음을 빗대어 표현하는 말.

형설지공

반딧불과 눈으로 이룬 공이라는 뜻으로, 고생 속에서도 부지런하고 꾸준하게 공부하는 자세를 이르는 말.

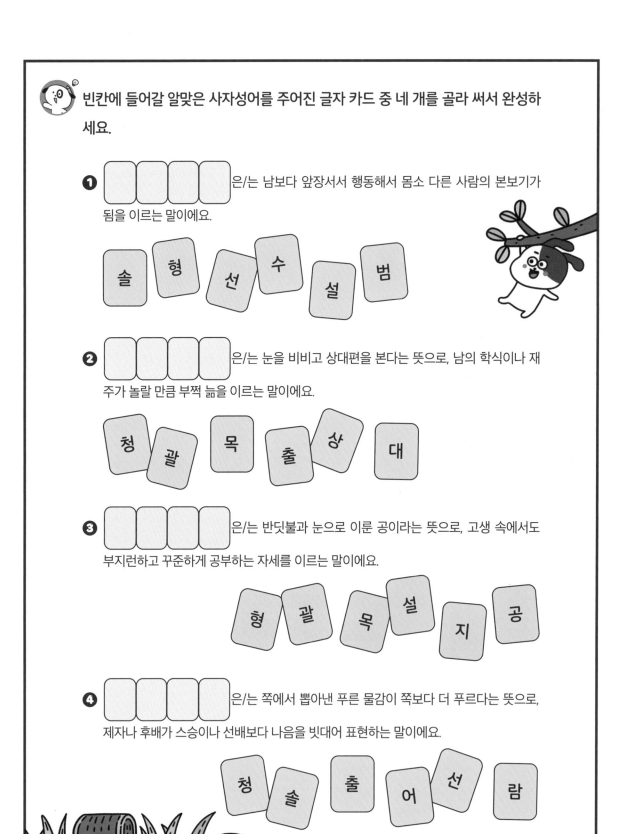

빈칸에 들어갈 알맞은 사자성어를 주어진 글자 카드 중 네 개를 골라 써서 완성하세요.

❶ ☐☐☐☐ 은/는 남보다 앞장서서 행동해서 몸소 다른 사람의 본보기가 됨을 이르는 말이에요.

솔 형 선 수 설 범

❷ ☐☐☐☐ 은/는 눈을 비비고 상대편을 본다는 뜻으로, 남의 학식이나 재주가 놀랄 만큼 부쩍 늚을 이르는 말이에요.

청 괄 목 출 상 대

❸ ☐☐☐☐ 은/는 반딧불과 눈으로 이룬 공이라는 뜻으로, 고생 속에서도 부지런하고 꾸준하게 공부하는 자세를 이르는 말이에요.

형 괄 목 설 지 공

❹ ☐☐☐☐ 은/는 쪽에서 뽑아낸 푸른 물감이 쪽보다 더 푸르다는 뜻으로, 제자나 후배가 스승이나 선배보다 나음을 빗대어 표현하는 말이에요.

청 솔 출 어 선 람

문장 속 빈칸에 들어갈 사자성어를 고른 후, 사자성어 아래의 숫자를 비밀번호 칸에서 찾아 색칠하세요.

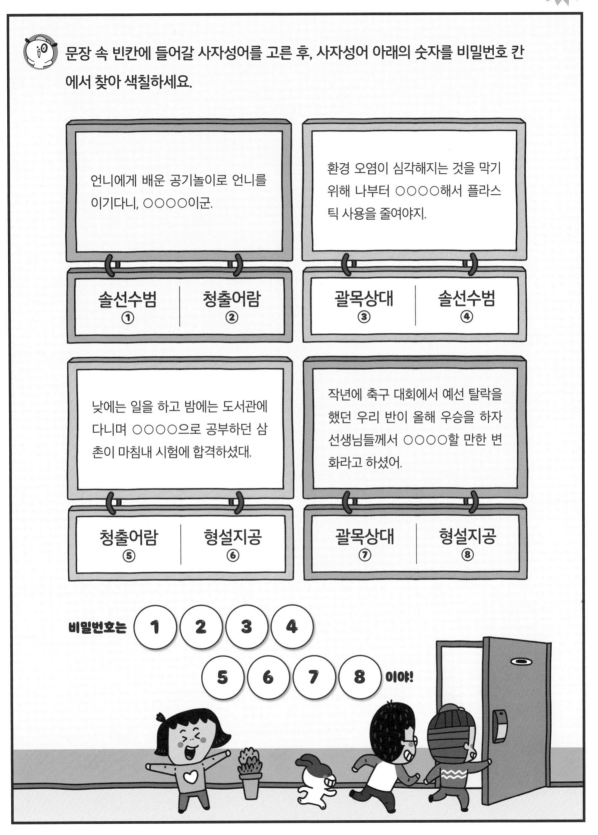

언니에게 배운 공기놀이로 언니를 이기다니, ○○○○이군.

솔선수범	청출어람
①	②

환경 오염이 심각해지는 것을 막기 위해 나부터 ○○○○해서 플라스틱 사용을 줄여야지.

괄목상대	솔선수범
③	④

낮에는 일을 하고 밤에는 도서관에 다니며 ○○○○으로 공부하던 삼촌이 마침내 시험에 합격하셨대.

청출어람	형설지공
⑤	⑥

작년에 축구 대회에서 예선 탈락을 했던 우리 반이 올해 우승을 하자 선생님들께서 ○○○○할 만한 변화라고 하셨어.

괄목상대	형설지공
⑦	⑧

비밀번호는 1 2 3 4

5 6 7 8 이야!

아래 열쇠를 보고 가로세로 퍼즐을 완성하세요.

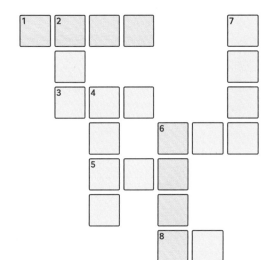

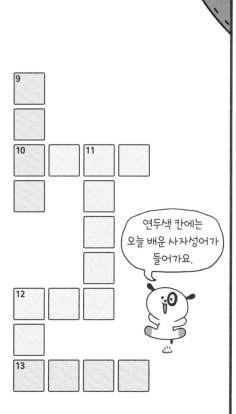

연두색 칸에는 오늘 배운 사자성어가 들어가요.

가로 열쇠

1 (사자성어) 눈을 비비고 상대편을 본다는 뜻으로, 남의 학식이나 재주가 놀랄 만큼 부쩍 늚을 이르는 말.
3 어떠한 일을 할 수 있다는 느낌. (예) 선생님의 질문에 ○○○ 넘치게 대답했다.
5 여행하는 사람을 태워 나르기 위한 배. (예) 태풍으로 인해 ○○○의 운항이 중단되었다.
6 소나무 열매의 송이.
8 죄를 저지른 사람. (예) ○○을/를 체포하다.
10 낳아 주시고 길러 주신 아버지와 어머니의 사랑을 기념하여 정한 날. (예) ○○○○에는 부모님께 카네이션을 드린다.
12 사진을 찍는 기계. (비슷한말) 카메라
13 (사자성어) 반딧불과 눈으로 이룬 공이라는 뜻으로, 고생 속에서도 부지런하고 꾸준하게 공부하는 자세를 이르는 말.

세로 열쇠

2 어떤 사건이 벌어지는 것을 눈으로 직접 본 사람. (예) 어제 일어난 교통사고의 ○○○이/가 한 명도 없다.
4 결혼식을 마치고 신혼부부가 함께 가는 여행. (예) ○○○○에서 돌아와 집안 어른들께 큰절을 했다.
6 (사자성어) 남보다 앞장서서 행동해서 몸소 다른 사람의 본보기가 됨을 이르는 말.
7 동글동글하게 방울이 진 비누 거품. (예) 아이들이 공원에서 ○○○○을/를 터뜨리며 놀고 있다.
9 (사자성어) 쪽에서 뽑아낸 푸른 물감이 쪽보다 더 푸르다는 뜻으로, 제자나 후배가 스승이나 선배보다 나음을 빗대어 표현하는 말.
11 여러 사람이 삥 둘러앉아, 한 사람이 한 낱말을 말하면 다음 사람이 그 말의 끝음절을 첫음절로 하는 낱말을 불러 이어 가는 낱말 놀이의 하나. (비슷한말) 끝말잇기
12 네 개의 선분으로 둘러싸인 평면 도형. (비슷한말) 사변형

● 미니북 44~47쪽

다음 퍼즐 모양을 보고 빈칸에 들어갈 알맞은 사자성어를 쓰세요.

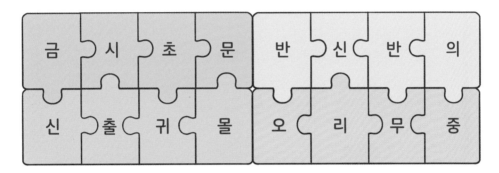

| 금 | 시 | 초 | 문 | 반 | 신 | 반 | 의 |
| 신 | 출 | 귀 | 몰 | 오 | 리 | 무 | 중 |

❶  은/는 바로 지금 처음으로 들었음을 나타내는 말이에요.

❷ 은/는 얼마쯤 믿으면서도 한편으로는 의심할 때 쓰는 말이에요.

❸ 은/는 오 리나 되는 짙은 안개 속에 있다는 뜻으로, 무슨 일에 대하여 방향이나 갈피를 잡을 수 없음을 이르는 말이에요.

❹ 은/는 귀신같이 나타났다가 사라진다는 뜻으로, 그 움직임을 쉽게 알 수 없을 만큼 자유자재로 나타나고 사라짐을 빗대어 표현하는 말이에요.

다음 빈칸에 들어갈 말을 낱말판 에서 모두 찾아 색칠하세요. 색칠했을 때 나타나는 모양을 ❶~❹ 중에서 골라 〇표를 하세요.

- '금시초문'은 바로 지금 〇〇(으)로 들었음을 나타내는 말이에요.
- '반신반의'는 얼마쯤 믿으면서도 한편으로는 〇〇할 때 쓰는 말이에요.
- '신출귀몰'은 〇〇같이 나타났다가 사라진다는 뜻으로, 그 움직임을 쉽게 알 수 없을 만큼 자유자재로 나타나고 사라짐을 빗대어 표현하는 말이에요.
- '오리무중'은 오 리나 되는 짙은 〇〇 속에 있다는 뜻으로, 무슨 일에 대하여 방향이나 갈피를 잡을 수 없음을 이르는 말이에요.

낱말판

귀신	동굴	반대	번개
실수	안개	얼음	의심
인내	인형	잘못	찬성
처음	친구	칭찬	토끼

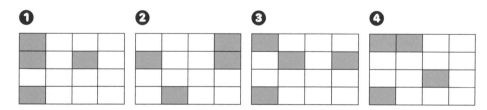

각 문장 속에서 사자성어가 바르게 활용되었는지 확인하세요. 그중 사자성어를 바르게 활용한 방만 통과하여 방을 탈출해 보세요.

방 탈출 규칙
- 벽이 뚫린 곳을 통과할 수 있습니다.
- 각 방은 한 번씩만 통과할 수 있습니다.
- 사자성어를 올바르게 활용한 문장은 모두 통과해야 합니다.

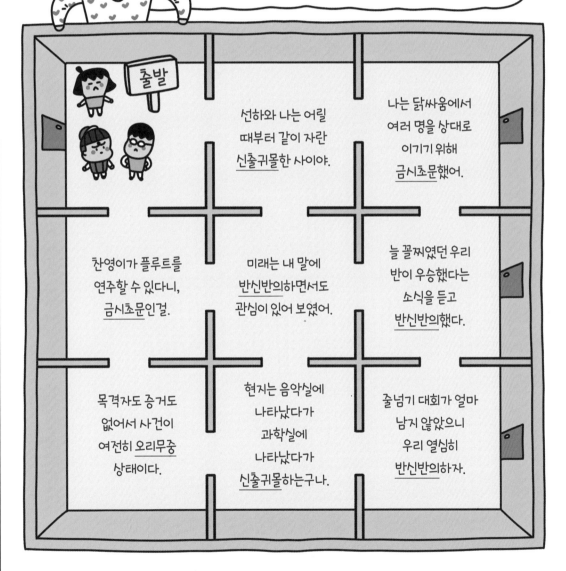

아래 열쇠를 보고 가로세로 퍼즐을 완성하세요.

연두색 칸에는 오늘 배운 사자성어가 들어가요.

2 조심을 하지 않고 주의를 기울이지 않음. 예 경비원의 ○○○(으)로 도둑이 들었다.

5 (사자성어) 귀신같이 나타났다가 사라진다는 뜻으로, 그 움직임을 쉽게 알 수 없을 만큼 자유자재로 나타나고 사라짐을 빗대어 표현하는 말.

7 남이 알아듣지 못하도록 작은 목소리로 자꾸 가만가만 이야기하는 소리. 예 어머니와 아버지가 ○○○○ 속삭이고 계셨다.

9 망울만 맺히고 아직 피지 않은 꽃. 예 ○○○○이/가 피다.

11 나무로 만든 젓가락.

13 새가 알을 낳거나 사는 곳으로, 지내기에 매우 포근하고 아늑한 곳을 빗대어 이르기도 함. 예 우리 집은 포근한 ○○○○(이)야.

15 보통 사람의 능력을 뛰어넘는 초자연적인 능력. 예 경수는 ○○○을/를 발휘하여 손도 대지 않고 물건을 옮겼다.

1 집안 살림을 하면서 벌어들이는 돈과 쓰는 돈을 적는 책. 예 엄마는 매일 ○○○을/를 쓰신다.

3 자동차 등에 기름을 넣는 곳. 예 잠깐 ○○○에 들러 차에 기름을 넣었다.

4 (사자성어) 얼마쯤 믿으면서도 한편으로는 의심할 때 쓰는 말.

6 귀의 아래쪽에 매다는 장식품. (비슷한말) 귀고리

8 좋지 못한 상태로 갑자기 떨어지는 것을 빗대어 표현하는 말. 예 공부를 안 해서 성적이 ○○○○을/를 했다.

10 (사자성어) 오 리나 되는 짙은 안개 속에 있다는 뜻으로, 무슨 일에 대하여 방향이나 갈피를 잡을 수 없음을 이르는 말.

12 둘레나 끝에 해당되는 부분. 예 길 ○○○○에 민들레가 피어 있다.

14 (사자성어) 바로 지금 처음으로 들었음을 나타내는 말.

• 미니북 48~51쪽

다음 상황에 어울리는 사자성어를 사다리를 타고 내려가서 확인하세요.

망했다.

노을을 아주 멋지게 표현했구나.

자, 한번 천 리까지 가 보자고!

어머, 비단 위에 꽃이라니 너무 예뻐!

돌 한 개를 던졌는데 사과를 두 개나 얻었네.

금상첨화

비단 위에 꽃을 더한다는 뜻으로, 좋은 일 위에 또 좋은 일이 더하여짐을 빗대어 표현하는 말.

일거양득

한 가지 일을 하여 두 가지 이익을 얻음을 이르는 말.

일사천리

강물이 빨리 흘러 천 리를 간다는 뜻으로, 어떤 일이 거침없이 빨리 진행됨을 이르는 말.

전화위복

재앙과 근심, 걱정이 바뀌어 오히려 복이 됨을 이르는 말.

글자판에 가로, 세로, 대각선 방향으로 사자성어가 놓여 있습니다. 각 친구들이 설명하는 사자성어를 찾아 쓰세요.

한 가지 일을 하여 두 가지 이익을 얻음을 이르는 말이야.

강물이 빨리 흘러 천 리를 간다는 뜻으로, 어떤 일이 거침없이 빨리 진행됨을 이르는 말이야.

전	일	일	금
화	사	거	상
위	천	양	첨
복	리	득	화

일	사	천	리
금	상	첨	화
일	거	양	득
전	화	위	복

일	거	양	득
전	화	위	복
금	상	첨	화
일	사	천	리

전	일	사	천
리	화	금	상
첨	화	위	일
거	양	득	복

비단 위에 꽃을 더한다는 뜻으로, 좋은 일 위에 또 좋은 일이 더하여짐을 빗대어 표현하는 말이야.

재앙과 근심, 걱정이 바뀌어 오히려 복이 됨을 이르는 말이야.

 문장 속 빈칸에 들어갈 사자성어 퍼즐 조각을 차례대로 붙였을 때 (가)~(라) 중 알맞은 것에 ○표를 하세요.

❶ 예쁜 신발이 가격까지 싸니 ○○○○구나.

| 금상첨화 | ★ |
| 일사천리 | ★ |

❷ 재활용품을 사용하면 쓰레기도 줄이고, 자원도 절약할 수 있어서 ○○○○이야.

| 일거양득 | ● |
| 전화위복 | ● |

❸ 조립 설명서를 보고 원리를 이해하고 나니 ○○○○(으)로 블록을 조립할 수 있었어.

| 일거양득 | ■ |
| 일사천리 | ■ |

❹ 신청서를 늦게 내서 방송 댄스반에 들어가지 못해 아쉬웠지만, ○○○○(으)로 수영반에 들어가 단짝 친구를 만났어.

| 금상첨화 | ▲ |
| 전화위복 | ▲ |

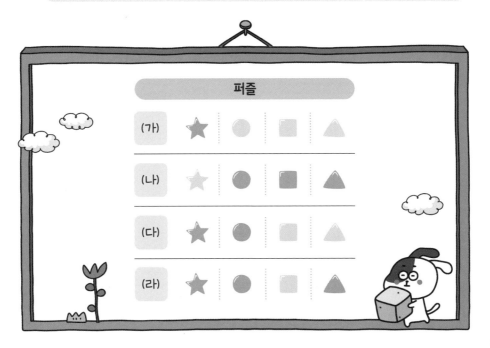

아래 열쇠를 보고 가로세로 퍼즐을 완성하세요.

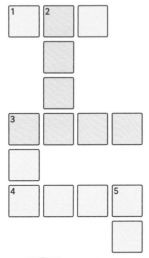

연두색 칸에는 오늘 배운 사자성어가 들어가요.

가로 열쇠

1 주로 동전을 모아 둘 수 있게 만든 통. 예 아빠가 주신 동전을 모은 ○○○을/를 은행에 들고 갔다.
3 **사자성어** 재앙과 근심, 걱정이 바뀌어 오히려 복이 됨을 이르는 말.
4 여러 사람이 이용하는 버스, 지하철 등의 교통. 또는 그러한 교통수단.
6 바다나 호수의 주위를 빙 둘러 가며 둑을 쌓고 그 안의 물을 빼내어 만든 땅.
8 **사자성어** 강물이 빨리 흘러 천 리를 간다는 뜻으로, 어떤 일이 거침없이 빨리 진행됨을 이르는 말.
9 시험이나 경기 등에서 점수를 얻음. 또는 그 점수.
예 우리 학교의 축구팀이 전반전에 ○○을/를 했다.
11 심심함을 잊고 시간을 보내기 위하여 어떤 일을 함. 또는 그런 일. 예 할머니는 ○○○○(으)로 주말농장을 가꾸신다.
14 말과 소를 기르는 곳. 예 ○○○에는 소 한 마리가 있다.

세로 열쇠

2 **사자성어** 비단 위에 꽃을 더한다는 뜻으로, 좋은 일 위에 또 좋은 일이 더하여짐을 빗대어 표현하는 말.
3 먼 경치를 잘 내다볼 수 있도록 만들어 놓은 높은 건축물. 예 ○○○에 올라가면 시내가 한눈에 들어온다.
5 어떤 장소를 지나다님. 예 공사 중이라서 차량의 ○○이/가 불편하다.
7 무엇이든지 묻는 대로 척척 대답해 내는 사람. 예 그는 컴퓨터에 관한 한 ○○○○이다.
8 **사자성어** 한 가지 일을 하여 두 가지 이익을 얻음을 이르는 말.
10 점심을 먹기로 정하여 둔 시간.
12 메뚜기나 여치 등 풀숲에서 사는 벌레를 통틀어 이르는 말. 예 풀숲에는 여름밤 ○○○ 우는 소리가 가득했다.
13 동물이나 식물이 태어나서 죽을 때까지의 과정. 예 개구리는 '알 → 올챙이 → 개구리'의 ○○○ 과정을 거친다.

• 미니북 52~55쪽

다음 퍼즐 모양을 보고 빈칸에 들어갈 알맞은 사자성어를 쓰세요.

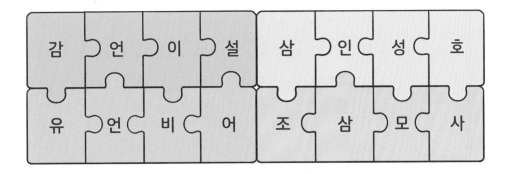

| 감 | 언 | 이 | 설 | 삼 | 인 | 성 | 호 |
| 유 | 언 | 비 | 어 | 조 | 삼 | 모 | 사 |

❶ 은/는 아무 근거 없이 널리 퍼진 소문을 이르는 말이에요.

❷ 은/는 간사한 꾀로 남을 속여 희롱함을 이르는 말이에요.

❸ 은/는 귀가 솔깃하도록 남의 비위를 맞추거나 이로운 조건을 내세워 꾀는 말이에요.

❹ 은/는 세 사람이 짜면 거리에 호랑이가 나왔다는 거짓말도 꾸밀 수 있다는 뜻으로, 근거 없는 말이라도 여러 사람이 말하면 곧이듣게 됨을 이르는 말이에요.

다음 빈칸에 들어갈 말을 낱말판 에서 모두 찾아 색칠하세요. 색칠했을 때 나타나는 모양을 ❶~❹ 중에서 골라 ◯표를 하세요.

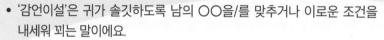

- '감언이설'은 귀가 솔깃하도록 남의 ◯◯을/를 맞추거나 이로운 조건을 내세워 꾀는 말이에요.
- '삼인성호'는 세 사람이 짜면 거리에 호랑이가 나왔다는 거짓말도 꾸밀 수 있다는 뜻으로, ◯◯ 없는 말이라도 여러 사람이 말하면 곧이듣게 됨을 이르는 말이에요.
- '유언비어'는 아무 근거 없이 널리 퍼진 ◯◯을/를 이르는 말이에요.
- '조삼모사'는 간사한 꾀로 남을 속여 ◯◯함을 이르는 말이에요.

낱말판

가난	근거	반대	비밀
비위	사정	생각	소리
소문	예의	위로	조건
진행	찬성	축하	희롱

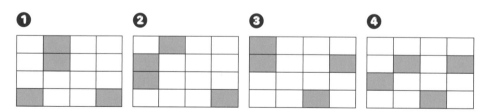

각 문장 속에서 사자성어가 바르게 활용되었는지 확인하세요. 그중 사자성어를 바르게 활용한 방만 통과하여 방을 탈출해 보세요.

방 탈출 규칙

• 벽이 뚫린 곳을 통과할 수 있습니다.
• 각 방은 한 번씩만 통과할 수 있습니다.
• 사자성어를 올바르게 활용한 문장은 모두 통과해야 합니다.

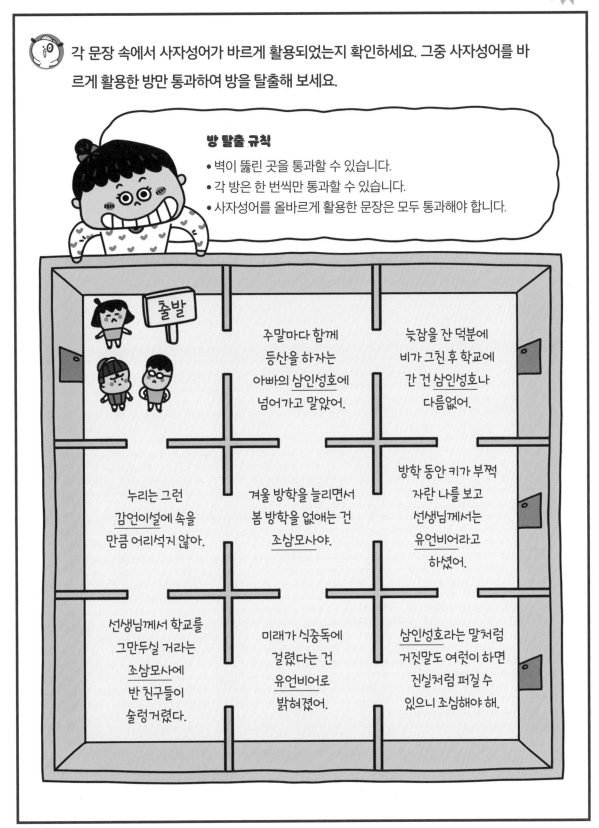

출발

주말마다 함께 등산을 하자는 아빠의 삼인성호에 넘어가고 말았어.

늦잠을 잔 덕분에 비가 그친 후 학교에 간 건 삼인성호나 다름없어.

누리는 그런 감언이설에 속을 만큼 어리석지 않아.

겨울 방학을 늘리면서 봄 방학을 없애는 건 조삼모사야.

방학 동안 키가 부쩍 자란 나를 보고 선생님께서는 유언비어라고 하셨어.

선생님께서 학교를 그만두실 거라는 조삼모사에 반 친구들이 술렁거렸다.

미래가 식중독에 걸렸다는 건 유언비어로 밝혀졌어.

삼인성호라는 말처럼 거짓말도 여럿이 하면 진실처럼 퍼질 수 있으니 조심해야 해.

아래 열쇠를 보고 가로세로 퍼즐을 완성하세요.

가로 열쇠

2 `사자성어` 귀가 솔깃하도록 남의 비위를 맞추거나 이로운 조건을 내세워 꾀는 말.

3 어른에게 귀염을 받거나 남의 마음을 기쁘게 하려고 어린아이의 말씨나 태도로 버릇없이 굴거나 무엇을 흉내 내는 일. `예` 나는 이제 ○○○을/를 부릴 나이가 지났다.

5 일상생활에서 갖추어야 할 모든 예의와 절차. `예` 엄마는 ○○○○에 어긋나는 행동을 싫어한다.

7 주말에 농사를 지을 수 있도록 도시 근처에 만든 농장. `예` 휴일에 부모님과 ○○○○에 가서 토마토 모종을 심었다.

9 몸에 닿거나 자극을 하여 간지러운 느낌. `예` 형은 유난히 ○○○을/를 많이 탄다.

10 `사자성어` 간사한 꾀로 남을 속여 희롱함을 이르는 말.

12 새롭고 신기한 것을 좋아하거나 모르는 것을 알고 싶어 하는 마음.

14 집을 짓거나 먹이를 날라 모으는 일을 하는 개미.

세로 열쇠

1 `사자성어` 아무 근거 없이 널리 퍼진 소문을 이르는 말.

4 우리나라의 광복을 기념하기 위하여 제정한 국경일. `예` 매년 8월 15일은 우리나라의 ○○○이다.

6 사람이 사는 데 기본적인 요소인 입는 것, 먹는 것, 사는 곳을 아울러 이르는 말.

8 아이들이 가지고 노는 여러 가지 물건. `비슷한말` 완구

9 병원에서 의사의 진료를 돕고 환자를 돌보는 사람. `예` 이비인후과에서 ○○○에게 주사를 맞았다.

11 `사자성어` 세 사람이 짜면 거리에 호랑이가 나왔다는 거짓말도 꾸밀 수 있다는 뜻으로, 근거 없는 말이라도 여러 사람이 말하면 곧이듣게 됨을 이르는 말.

13 피곤할 때에 몸을 쭉 펴고 팔다리를 뻗는 일. `예` 아침에 일어나서 ○○○을/를 켰다.

14 한 방향으로 쭉 곧은 줄. `예` ○○○(으)로 쭉 뻗은 길을 보자 마음이 뻥 뚫렸다.

● 미니북 56~59쪽

 다음 뜻을 보고 각 글자에 ○표를 하여 그림에 어울리는 사자성어를 완성하세요.

구사일생
아홉 번 죽을 뻔하다 한 번 살아난다는 뜻으로, 죽을 고비를 여러 차례 넘기고 겨우 살아남음을 이르는 말.

사면초가
사방에서 들리는 초나라의 노래라는 뜻으로, 아무에게도 도움을 받지 못하는 외롭고 곤란한 지경에 빠진 형편을 이르는 말.

오비이락
까마귀 날자 배 떨어진다는 뜻으로, 아무 관계도 없이 한 일이 공교롭게도 때가 같아 억울하게 의심을 받게 됨을 이르는 말.

풍전등화
바람 앞의 등불이라는 뜻으로, 사물이 매우 위태로운 처지에 놓여 있음을 빗대어 표현하는 말.

❶

| 오 | 초 | 비 | 가 | 이 | 락 |

❷

| 구 | 사 | 오 | 일 | 비 | 생 |

❸

| 풍 | 사 | 면 | 초 | 전 | 가 |

❹

| 풍 | 전 | 일 | 생 | 등 | 화 |

주어진 뜻을 보고 빈칸에 들어갈 알맞은 글자를 찾아 써서 사자성어를 완성하세요.

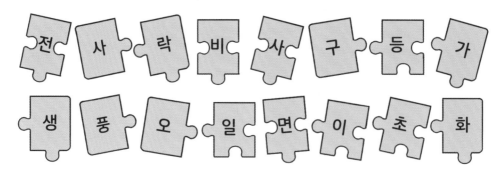

1 바람 앞의 등불이라는 뜻으로, 사물이 매우 위태로운 처지에 놓여 있음을 빗대어 표현하는 말이에요.

2 아홉 번 죽을 뻔하다 한 번 살아난다는 뜻으로, 죽을 고비를 여러 차례 넘기고 겨우 살아남음을 이르는 말이에요.

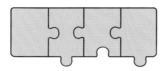

3 사방에서 들리는 초나라의 노래라는 뜻으로, 아무에게도 도움을 받지 못하는 외롭고 곤란한 지경에 빠진 형편을 이르는 말이에요.

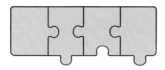

4 까마귀 날자 배 떨어진다는 뜻으로, 아무 관계도 없이 한 일이 공교롭게도 때가 같아 억울하게 의심을 받게 됨을 이르는 말이에요.

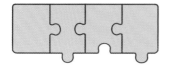

 문장 속 빈칸에 들어갈 사자성어 퍼즐 조각을 차례대로 붙였을 때 (가)~(라) 중 알맞은 것에 ○표를 하세요.

❶ 잦은 전쟁으로 인해 나라의 운명이 ○○○○와/과 같다더라.

오비이락 ★
풍전등화 ★

❷ ○○○○(이)라더니 내가 식탁 근처를 지나가는데 서아가 아끼던 그릇이 떨어졌어.

사면초가 ●
오비이락 ●

❸ 친구들과 물총 싸움을 하던 중 나 혼자 상대편에 둘러싸여 ○○○○의 상태에 빠졌어.

사면초가 ▲
오비이락 ▲

❹ 배를 타고 낚시를 나갔던 아빠가 태풍을 만나 폭풍우에 휘말렸다가 ○○○○(으)로 돌아오셨어.

구사일생 ■
사면초가 ■

퍼즐

(가) ★ ● ▲ ■

(나) ★ ● ▲ ■

(다) ★ ● ▲ ■

(라) ★ ● ▲ ■

아래 열쇠를 보고 가로세로 퍼즐을 완성하세요.

연두색 칸에는 오늘 배운 사자성어가 들어가요.

가로 열쇠

2 어떤 자리나 모임에 초대한다는 내용을 적어서 보내는 편지. 예 반 친구들에게 생일 ○○○을/를 보냈다.

4 낚시나 그물로 물고기를 잡는 일. 예 바다로 ○○○○을/를 나가다.

5 오랫동안 하는 달리기로, 대개 400미터가 넘는 먼 거리를 달리는 육상 경기. 예 막냇삼촌은 마라톤과 같은 ○○○○○을/를 좋아하신다.

7 4월 5일로, 산을 푸르게 하기 위해서 나무를 심도록 국가에서 정한 날. 예 ○○○에 나무를 심었다.

8 (사자성어) 바람 앞의 등불이라는 뜻으로, 사물이 매우 위태로운 처지에 놓여 있음을 빗대어 표현하는 말.

10 가까이 살면서 정이 들어 사촌 형제나 다를 바 없이 가까운 이웃. 예 먼 친척보다 ○○○○이/가 더 낫다.

12 태어난 날을 축하하기 위하여 벌이는 잔치.

13 주로 큰 돌들을 기둥으로 삼고 그 위에 넓적한 돌을 얹어서 만든 선사 시대의 무덤.

세로 열쇠

1 (사자성어) 사방에서 들리는 초나라의 노래라는 뜻으로, 아무에게도 도움을 받지 못하는 외롭고 곤란한 지경에 빠진 형편을 이르는 말.

3 음식물이나 약품을 차갑게 하거나 썩지 않도록 낮은 온도에서 보관하기 위한 상자 모양의 전기 장치.

5 (사자성어) 까마귀 날자 배 떨어진다는 뜻으로, 아무 관계도 없이 한 일이 공교롭게도 때가 같아 억울하게 의심을 받게 됨을 이르는 말.

6 비행기 안에서 승객이나 승무원에게 제공되는 식사, 음료수, 간식 등을 이르는 말.

9 관계가 없는 엉뚱한 사람이나 일에 화를 내는 일.

11 (사자성어) 아홉 번 죽을 뻔하다 한 번 살아난다는 뜻으로, 죽을 고비를 여러 차례 넘기고 겨우 살아남음을 이르는 말.

13 등에 바늘처럼 단단하고 뾰족한 털이 나 있는 작은 젖먹이 동물. 예 ○○○○도 제 새끼가 제일 곱다고 한다.

일차

잘못을 했으면

공부한날 ✦

월   일

정답 보기

● 미니북 60~63쪽

 다음 사자성어가 어떻게 쓰이는지 길을 따라 내려가서 확인하세요.

개과천선
지난날의 잘못을 뉘우치고 고쳐 올바르고 착하게 됨을 이르는 말.

노심초사
생각이 많아 몹시 마음을 쓰며 애를 태운다는 뜻으로, 어떤 일 때문에 불안해서 어쩔 줄 모를 때 쓰는 말.

유구무언
입은 있어도 말은 없다는 뜻으로, 변명할 말이 없거나 변명을 못함을 이르는 말.

자업자득
자기가 저지른 나쁜 행동이나 잘못이 결국 자기에게 되돌아온다는 말.

길이 막히니 비행기를 놓칠까 봐 미래가 ○○○○하는구나.

매일 스마트폰을 가까이서 보더니……. 시력이 안 좋아진 건 다 ○○○○이야.

그동안 괴롭혀서 미안해. 난 이제 ○○○○할 거야.

점퍼를 또 잃어버리고 말았으니 ○○○○이군.

글자판에 가로, 세로, 대각선 방향으로 사자성어가 놓여 있습니다. 각 친구들이 설명하는 사자성어를 찾아 쓰세요.

생각이 많아 몹시 마음을 쓰며 애를 태운다는 뜻으로, 어떤 일 때문에 불안해서 어쩔 줄 모를 때 쓰는 말이야.

입은 있어도 말은 없다는 뜻으로, 변명할 말이 없거나 변명을 못함을 이르는 말이야.

노	유	구	무
개	심	과	언
천	선	초	득
자	업	자	사

개	노	유	자
과	심	구	업
천	초	무	자
선	사	언	득

노	심	초	사
개	과	천	선
유	구	무	언
자	업	자	득

유	구	무	언
노	심	초	사
자	업	자	득
개	과	천	선

지난날의 잘못을 뉘우치고 고쳐 올바르고 착하게 됨을 이르는 말이야.

자기가 저지른 나쁜 행동이나 잘못이 결국 자기에게 되돌아온다는 말이야.

문장 속 빈칸에 들어갈 사자성어를 고른 후, 사자성어 아래의 숫자를 비밀번호 칸에서 찾아 색칠하세요.

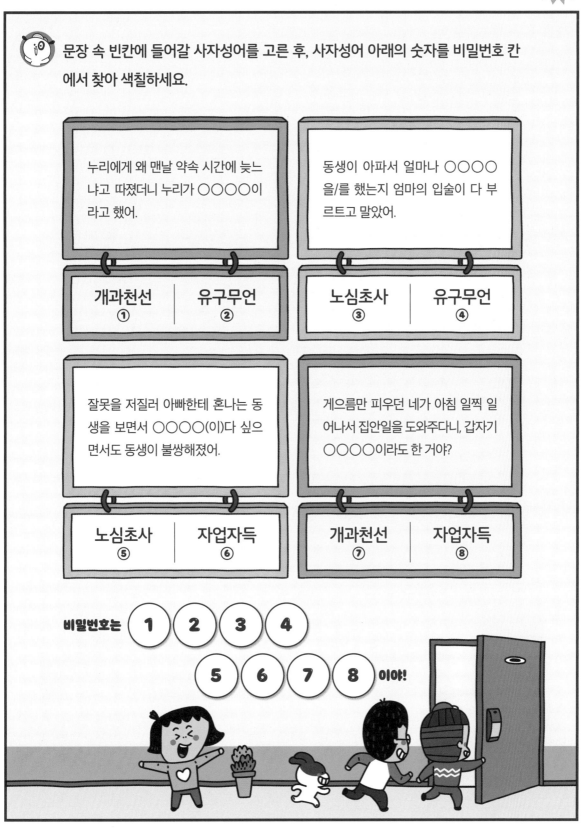

누리에게 왜 맨날 약속 시간에 늦느냐고 따졌더니 누리가 ○○○○이라고 했어.

| 개과천선 ① | 유구무언 ② |

동생이 아파서 얼마나 ○○○○을/를 했는지 엄마의 입술이 다 부르트고 말았어.

| 노심초사 ③ | 유구무언 ④ |

잘못을 저질러 아빠한테 혼나는 동생을 보면서 ○○○○(이)다 싶으면서도 동생이 불쌍해졌어.

| 노심초사 ⑤ | 자업자득 ⑥ |

게으름만 피우던 네가 아침 일찍 일어나서 집안일을 도와주다니, 갑자기 ○○○○이라도 한 거야?

| 개과천선 ⑦ | 자업자득 ⑧ |

비밀번호는 1 2 3 4 5 6 7 8 이야!

아래 열쇠를 보고 가로세로 퍼즐을 완성하세요.

연두색 칸에는 오늘 배운 사자성어가 들어가요.

가로 열쇠

2 학교에서 방학이 끝나고 다시 수업을 시작할 때 갖는 행사. 예 내일이 ○○○(이)라 밀린 방학 숙제를 오늘 안에 끝내야 한다.

3 천둥이 칠 때 나는 소리. 비슷한말 우렛소리

5 스승에게 가르침을 받거나 받은 사람.

7 사람이 출입할 때에 자동으로 열리고 닫히는 문.

10 사자성어 생각이 많아 몹시 마음을 쓰며 애를 태운다는 뜻으로, 어떤 일 때문에 불안해서 어쩔 줄 모를 때 쓰는 말.

11 처음 만난 사람에게 자신의 이름, 나이, 직업 등을 말하여 알림.

13 야생 동물 등이 일정한 곳에 자리를 잡고 사는 곳. 예 환경 오염으로 야생 동물의 ○○○이/가 파괴되고 있다.

15 사자성어 입은 있어도 말은 없다는 뜻으로, 변명할 말이 없거나 변명을 못함을 이르는 말.

세로 열쇠

1 끼니와 끼니 사이에 음식을 먹음. 또는 그 음식.

2 사자성어 지난날의 잘못을 뉘우치고 고쳐 올바르고 착하게 됨을 이르는 말.

4 소화가 잘되게 하기 위해 먹는 약.

6 사자성어 자기가 저지른 나쁜 행동이나 잘못이 결국 자기에게 되돌아온다는 말.

8 학습 내용을 문제로 만들어 엮은 책. 예 수학 ○○○ 을/를 여러 권 풀었다.

9 요리를 전문적으로 하는 사람. 비슷한말 조리사

10 여럿이 모여 누가 더 노래를 잘하는지를 겨루며 즐기는 일.

12 불이 나지 않도록 예방하거나 불이 난 것을 끄는 기관.

14 참기름, 올리브유 등 주로 음식을 만드는 데 사용하는 기름.

16 노래, 춤, 연극 등을 공연하기 위하여 관람석 앞에 만들어 놓은 단. 예 가수가 ○○ 위에서 노래를 불렀다.

 미니북 64~67쪽

다음 상황에 어울리는 사자성어를 사다리를 타고 내려가서 확인하세요.

사실은 저희가 공을 가지고 놀다가 실수로 엄마가 아끼던 화병을 깨트렸어요.

네가 매듭을 묶었으니 풀어야지.

도와줘!

나랑 동생을 괴롭히더니 결국 벌을 받는군.

반칙을 해서 1등으로 들어온 선수는 실격당하고 정정당당하게 2등으로 들어온 내가 금메달을 땄어.

반칙하지 말걸.

결자해지

자신이 묶은 매듭은 자신이 풀어야 한다는 뜻으로, 자기가 저지른 일은 자기가 해결하여야 함을 이르는 말.

사필귀정

모든 일은 반드시 올바른 방향으로 돌아간다는 말.

이실직고

사실 그대로 알린다는 말.

인과응보

좋은 일을 하면 좋은 결과가, 나쁜 일을 하면 나쁜 결과가 온다는 말.

빈칸에 들어갈 알맞은 사자성어를 주어진 글자 카드 중 네 개를 골라 써서 완성하세요.

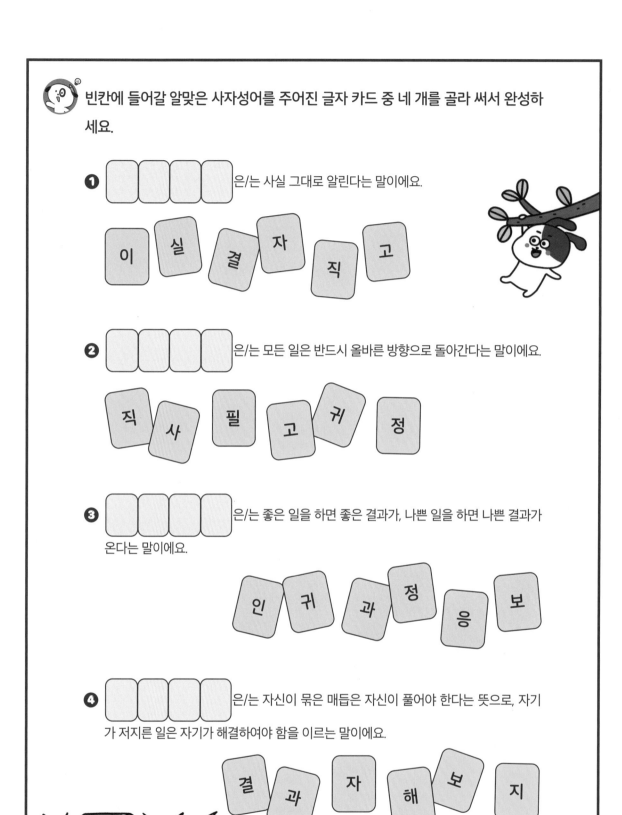

❶ ☐☐☐☐ 은/는 사실 그대로 알린다는 말이에요.

이 실 결 자 직 고

❷ ☐☐☐☐ 은/는 모든 일은 반드시 올바른 방향으로 돌아간다는 말이에요.

직 사 필 고 귀 정

❸ ☐☐☐☐ 은/는 좋은 일을 하면 좋은 결과가, 나쁜 일을 하면 나쁜 결과가 온다는 말이에요.

인 귀 과 정 응 보

❹ ☐☐☐☐ 은/는 자신이 묶은 매듭은 자신이 풀어야 한다는 뜻으로, 자기가 저지른 일은 자기가 해결하여야 함을 이르는 말이에요.

결 과 자 해 보 지

문장 속 빈칸에 들어갈 사자성어 퍼즐 조각을 차례대로 붙였을 때 (가)~(라) 중 알맞은 것에 ◯표를 하세요.

❶ 어젯밤에 동생이랑 왜 싸웠는지 어서 ◯◯◯◯해라.

사필귀정	●
이실직고	●

❷ ◯◯◯◯라고 나쁜 짓을 한 놀부가 벌을 받는 것은 당연한 거야.

이실직고	★
인과응보	★

❸ ◯◯◯◯(이)라고 했으니 먼저 말싸움을 건 내가 친구에게 사과할 거야.

결자해지	▲
사필귀정	▲

❹ 지금은 아무도 너를 믿어 주지 않아서 억울하겠지만 모든 일은 ◯◯◯◯이니 기다려 보자.

사필귀정	■
이실직고	■

퍼즐

(가)	●	★	▲	■
(나)	●	★	▲	■
(다)	●	★	▲	■
(라)	●	★	▲	■

아래 열쇠를 보고 가로세로 퍼즐을 완성하세요.

연두색 칸에는 오늘 배운 사자성어가 들어가요.

가로 열쇠

2 (사자성어) 자신이 묶은 매듭은 자신이 풀어야 한다는 뜻으로, 자기가 저지른 일은 자기가 해결하여야 함을 이르는 말.

4 네 사람이 각기 꽹과리, 징, 장구, 북을 가지고 어우러져 치는 놀이.

6 백제, 신라와 함께 삼국을 이루었던 나라. 예 ○○○은/는 주몽이 세운 나라이다.

9 (사자성어) 좋은 일을 하면 좋은 결과가, 나쁜 일을 하면 나쁜 결과가 온다는 말.

11 이런저런 여러 가지. 예 텃밭에 ○○○○ 채소를 심었다.

12 (사자성어) 모든 일은 반드시 올바른 방향으로 돌아간다는 말.

14 일정한 지역이나 한 나라에 사는 사람의 수. 예 그 도시의 ○○은/는 수백만 명에 달한다.

세로 열쇠

1 올해의 바로 앞의 해. (비슷한말) 작년

3 돈을 받지 않고 스스로 남을 돕는 일에 나서는 사람. 예 ○○○○○들의 노력 덕분에 자선 행사를 무사히 마무리했다.

5 (사자성어) 사실 그대로 알린다는 말.

7 무엇을 둥그렇게 뚫거나 파내어 빈틈이 생긴 자리. 예 양말에 ○○이/가 났다.

8 연극, 영화, 소설 등에서 이야기의 중심이 되는 인물. 예 나는 연극 공연에서 ○○○ 역할을 맡았다.

10 운동 경기 등에서, 선수들의 사기를 북돋워 주기 위하여 여럿이 부르는 노래. 예 축구 경기 중에 들리는 친구들의 ○○○와/과 함성 소리가 유독 크게 느껴졌다.

13 종이, 먹, 붓, 볼펜, 연필 등 필기하는 데 쓰는 여러 종류의 물건.

14 사람이나 동물 모양으로 만든 장난감. 예 내 동생은 곰 ○○을/를 꼭 껴안고 잔다.

● 미니북 68~71쪽

다음 뜻을 보고 각 글자에 ○표를 하여 그림에 어울리는 사자성어를 완성하세요.

견물생심
실제로 물건을 보게 되면 그것을 가지고 싶은 욕심이 생긴다는 말.

과유불급
정도가 지나친 것은 부족한 것과 같다는 뜻으로, 지나치거나 모자라지 않고 한쪽으로 치우치지 않는 상태가 중요함을 이르는 말.

교각살우
소의 뿔을 바로잡으려다가 소를 죽인다는 뜻으로, 작은 흠을 고치려다가 그 방법이나 정도가 지나쳐 오히려 일을 그르침을 이르는 말.

일확천금
단번에 천금을 움켜쥔다는 뜻으로, 힘들이지 않고 단번에 많은 재물을 얻었을 때 쓰는 말.

❶

불고기를 너무 많이 먹었나?

천	과	유	금	불	급

❷

관심 없던 장난감인데, 실제로 보니 갖고 싶어.

견	물	과	생	유	심

❸

도깨비 방망이를 휘두르니 금은보화가 쏟아지네.

일	생	확	심	천	금

❹

뿔을 바로잡으려다가 소가 죽고 말았네.

교	각	살	일	확	우

주어진 뜻을 보고 빈칸에 들어갈 알맞은 글자를 찾아 써서 사자성어를 완성하세요.

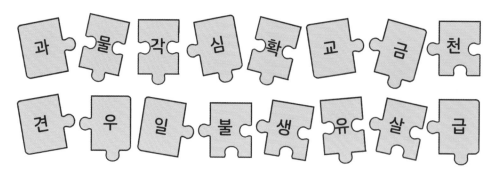

❶ 실제로 물건을 보게 되면 그것을 가지고 싶은 욕심이 생긴다는 말이에요.

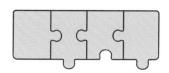

❷ 단번에 천금을 움켜쥔다는 뜻으로, 힘들이지 않고 단번에 많은 재물을 얻었을 때 쓰는 말이에요.

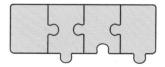

❸ 정도가 지나친 것은 부족한 것과 같다는 뜻으로, 지나치거나 모자라지 않고 한쪽으로 치우치지 않는 상태가 중요함을 이르는 말이에요.

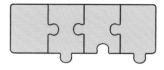

❹ 소의 뿔을 바로잡으려다가 소를 죽인다는 뜻으로, 작은 흠을 고치려다가 그 방법이나 정도가 지나쳐 오히려 일을 그르침을 이르는 말이에요.

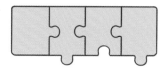

각 문장 속에서 사자성어가 바르게 활용되었는지 확인하세요. 그중 사자성어를 바르게 활용한 방만 통과하여 방을 탈출해 보세요.

방 탈출 규칙

• 벽이 뚫린 곳을 통과할 수 있습니다.
• 각 방은 한 번씩만 통과할 수 있습니다.
• 사자성어를 올바르게 활용한 문장은 모두 통과해야 합니다.

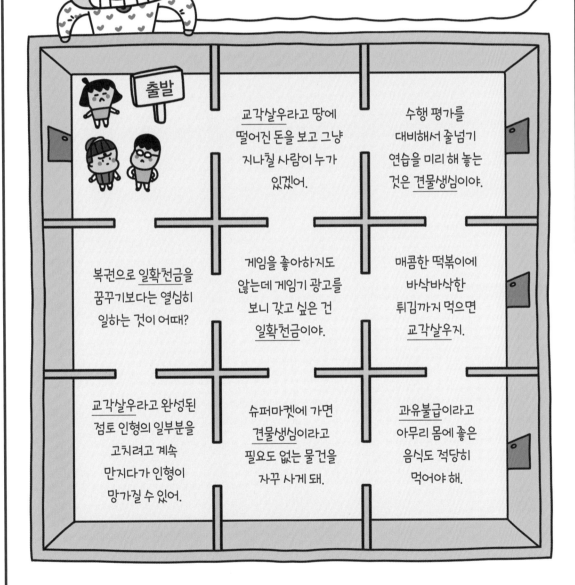

출발

교각살우라고 땅에 떨어진 돈을 보고 그냥 지나칠 사람이 누가 있겠어.

수행 평가를 대비해서 줄넘기 연습을 미리 해 놓는 것은 <u>견물생심</u>이야.

복권으로 <u>일확천금</u>을 꿈꾸기보다는 열심히 일하는 것이 어때?

게임을 좋아하지도 않는데 게임기 광고를 보니 갖고 싶은 건 <u>일확천금</u>이야.

매콤한 떡볶이에 바삭바삭한 튀김까지 먹으면 <u>교각살우</u>지.

<u>교각살우</u>라고 완성된 점토 인형의 일부분을 고치려고 계속 만지다가 인형이 망가질 수 있어.

슈퍼마켓에 가면 <u>견물생심</u>이라고 필요도 없는 물건을 자꾸 사게 돼.

<u>과유불급</u>이라고 아무리 몸에 좋은 음식도 적당히 먹어야 해.

아래 열쇠를 보고 가로세로 퍼즐을 완성하세요.

연두색 칸에는 오늘 배운 사자성어가 들어가요.

가로 열쇠

2 (사자성어) 실제로 물건을 보게 되면 그것을 가지고 싶은 욕심이 생긴다는 말.

4 부채를 흔들어 바람을 일으키는 일로, 어떤 감정이나 싸움, 상태의 변화 등을 더욱 부추기는 일을 빗대어 표현하는 말. (예) 누나는 꼬박꼬박 말대답을 해 엄마의 분노에 ○○○을/를 했다.

5 (사자성어) 작은 흠을 고치려다가 그 방법이나 정도가 지나쳐 오히려 일을 그르침을 이르는 말.

6 절벽에서 곧장 쏟아져 내리는 물줄기. (예) 산골짜기에서 거대한 소리를 내며 ○○이/가 쏟아지고 있었다.

8 쇠고기 따위의 살코기를 저며 양념하여 재었다가 불에 구운 음식. 또는 그 고기.

10 (사자성어) 단번에 천금을 움켜쥔다는 뜻으로, 힘들이지 않고 단번에 많은 재물을 얻었을 때 쓰는 말.

12 증명서 등에 붙이는 작은 규격의 얼굴 사진.

13 서양 글자에서, 큰 꼴로 된 글자. (반대말) 소문자

세로 열쇠

1 시각 장애인을 안전하게 안내하도록 특별한 훈련을 받은 개.

3 남이 시키는 일이나 부탁을 받아 해 주는 일. (예) 난생처음 혼자서 ○○○을/를 다녀왔다.

6 세찬 바람이 불면서 쏟아지는 큰비. (예) ○○○이/가 휘몰아쳐 배가 뒤집혔다.

7 (사자성어) 정도가 지나친 것은 부족한 것과 같다는 뜻으로, 지나치거나 모자라지 않고 한쪽으로 치우치지 않는 상태가 중요함을 이르는 말.

9 축하하거나 기릴 만한 일이 있을 때, 해마다 그 일이 있었던 날을 기억하는 날. (예) 오늘은 부모님의 15주년 결혼 ○○○이다.

11 무엇이 알고 싶어 몹시 답답하고 안타까운 마음.

13 규모나 강도가 큰 지진. (예) ○○○(으)로 다리가 끊어지고, 건물이 무너졌다.

 다음 상황에 어울리는 사자성어를 사다리를 타고 내려가서 확인하세요.

견원지간

개와 원숭이의 사이라는 뜻으로, 사이가 매우 나쁜 두 관계를 빗대어 표현하는 말.

막상막하

어느 것이 위이고, 어느 것이 아래인지 분간할 수 없다는 뜻으로, 누가 더 실력이 나은지 가릴 수 없을 때 쓰는 말.

순망치한

입술이 없으면 이가 시리다는 뜻으로, 서로 영향을 주고받는 관계에서 어느 한쪽이 망하면 다른 한쪽도 그 영향을 받아 온전하기 어려움.

이심전심

마음에서 마음으로 전해진다는 뜻으로, 직접 말을 하지 않아도 서로 마음으로 뜻이 통할 때 쓰는 말.

글자판에 가로, 세로, 대각선 방향으로 사자성어가 놓여 있습니다. 각 친구들이 설명하는 사자성어를 찾아 쓰세요.

개와 원숭이의 사이라는 뜻으로, 사이가 매우 나쁜 두 관계를 빗대어 표현하는 말이야.

어느 것이 위이고, 어느 것이 아래인지 분간할 수 없다는 뜻으로, 누가 더 실력이 나은지 가릴 수 없을 때 쓰는 말이야.

막	순	이	견
상	망	심	원
막	치	전	지
하	한	심	간

견	원	지	간
순	망	치	한
이	심	전	심
막	상	막	하

견	이	막	순
원	심	상	망
지	전	막	치
간	심	하	한

순	견	원	지
간	망	막	상
막	하	치	이
심	전	심	한

마음에서 마음으로 전해진다는 뜻으로, 직접 말을 하지 않아도 서로 마음으로 뜻이 통할 때 쓰는 말이야.

입술이 없으면 이가 시리다는 뜻으로, 서로 영향을 주고받는 관계에서 어느 한쪽이 망하면 다른 한쪽도 그 영향을 받아 온전하기 어려움을 이르는 말이야.

문장 속 빈칸에 들어갈 사자성어를 말한 친구가 그 땅을 차지할 수 있어요. 다음 중 가장 많은 땅을 차지하게 될 친구를 골라 ○표를 하세요.

견원지간

막상막하

순망치한

이심전심

누리와 훈이는 만나기만 하면 아웅다웅 싸우는 ○○○○(이)야.

가족이라서 그런지 나와 동생은 ○○○○(으)로 모든 것이 잘 통해.

결승전에서 만난 두 선수가 ○○○○의 접전을 벌이고 있어.

○○○○(이)라고 벌레를 잡아 주던 할미새가 없으니 코뿔소의 등이 가려운가 봐.

저와 동생은 자주 다투지만 그렇다고 사이가 나쁜 ○○○○은/는 아니에요.

우리는 ○○○○(으)로 마음이 통해서 약속도 하지 않았는데 공원에서 만났어.

누리와 현경이는 서로 말하지 않아도 ○○○○(으)로 잘 맞아서 단짝이 되었다.

팔씨름을 하고 있는 두 친구의 힘이 ○○○○이어서 쉽게 승부가 나지 않았다.

이웃 나라가 침범을 당하니 ○○○○(이)라고 우리나라에 영향이 있을까 걱정이 된다.

아래 열쇠를 보고 가로세로 퍼즐을 완성하세요.

연두색 칸에는 오늘 배운 사자성어가 들어가요.

가로 열쇠

2 흰 강물 모양으로 길게 보이는 수많은 별의 무리를 강물에 빗대어 표현하는 말. 예 밤하늘에 ○○○이/가 길게 펼쳐 있다.

4 땅이 움푹 파여 그 안에 물이 고인 웅덩이.

6 연필 속에 들어 있는 가느다란 심. 예 ○○○이/가 부러져서 연필깎이로 깎았다.

8 사자성어 개와 원숭이의 사이라는 뜻으로, 사이가 매우 나쁜 두 관계를 빗대어 표현하는 말.

10 철을 따라 이리저리 옮겨 다니며 사는 새. 예 해마다 겨울이면 이 갈대밭에 ○○들이 날아든다.

12 사자성어 입술이 없으면 이가 시리다는 뜻으로, 서로 영향을 주고받는 관계에서 어느 한쪽이 망하면 다른 한쪽도 그 영향을 받아 온전하기 어려움을 이르는 말.

14 끼니 외에 과자, 과일 등을 먹는 일. 예 ○○○을/를 했더니 밥맛이 없다.

세로 열쇠

1 사자성어 어느 것이 위이고, 어느 것이 아래인지 분간할 수 없다는 뜻으로, 누가 더 실력이 나은지 가릴 수 없을 때 쓰는 말.

3 바다나 강 등에서 나는 물고기, 조개, 해초와 같은 동식물. 예 아빠가 ○○○ 시장에서 회를 사 오셨다.

5 사자성어 마음에서 마음으로 전해진다는 뜻으로, 직접 말을 하지 않아도 서로 마음으로 뜻이 통할 때 쓰는 말.

6 휴일이 이틀 이상 계속되는 일. 또는 그 휴일. 예 추석 ○○에 할아버지 댁에 다녀왔다.

7 감나무, 배나무 등의 과실나무를 심은 밭. 예 주말에 우리 가족은 ○○○에 가서 사과를 땄다.

8 실제로 가서 보고 그 일에 관한 구체적인 지식을 넓힘. 예 박물관 ○○을/를 다녀왔다.

9 땅속에 굴을 파서 놓은 철도 위를 달리는 전동차.

11 국물의 양을 많게 하여 담근 김치.

13 망치로 단단한 물건을 두드리거나 박는 일.

● 미니북 76~79쪽

다음 퍼즐 모양을 보고 빈칸에 들어갈 알맞은 사자성어를 쓰세요.

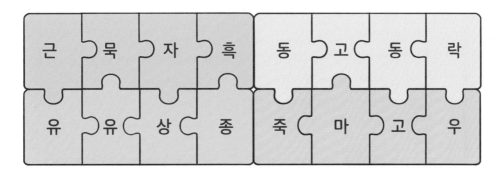

| 근 | 묵 | 자 | 흑 | | 동 | 고 | 동 | 락 |

| 유 | 유 | 상 | 종 | | 죽 | 마 | 고 | 우 |

❶ ⬚⬚⬚⬚ 은/는 같은 무리끼리 서로 사귄다는 뜻으로, 비슷한 부류의 사람들끼리 모이거나 사귀는 것을 이르는 말이에요.

❷ ⬚⬚⬚⬚ 은/는 대나무로 만든 말을 함께 타고 놀던 친구라는 뜻으로, 어려서부터 함께 놀며 자란 친구를 이르는 말이에요.

❸ ⬚⬚⬚⬚ 은/는 괴로움도 즐거움도 함께한다는 뜻으로, 어려운 일이 있으면 같이 고생하고 좋은 일이 있으면 같이 즐기는 것을 이르는 말이에요.

❹ ⬚⬚⬚⬚ 은/는 먹을 가까이하면 자신도 모르게 검어진다는 뜻으로, 나쁜 사람과 가까이 지내면 나쁜 버릇에 물들기 쉬움을 빗대어 표현하는 말이에요.

다음 빈칸에 들어갈 말을 낱말판 에서 모두 찾아 색칠하세요. 색칠했을 때 나타나는 모양을 ❶~❹ 중에서 골라 ◯표를 하세요.

- '근묵자흑'은 먹을 가까이하면 자신도 모르게 검어진다는 뜻으로, 나쁜 사람과 가까이 지내면 나쁜 ◯◯에 물들기 쉬움을 빗대어 표현하는 말이에요.
- '동고동락'은 ◯◯◯도 즐거움도 함께한다는 뜻으로, 어려운 일이 있으면 같이 고생하고 좋은 일이 있으면 같이 즐기는 것을 이르는 말이에요.
- '유유상종'은 같은 ◯◯끼리 서로 사귄다는 뜻으로, 비슷한 부류의 사람들끼리 모이거나 사귀는 것을 이르는 말이에요.
- '죽마고우'는 ◯◯◯(으)로 만든 말을 함께 타고 놀던 친구라는 뜻으로, 어려서부터 함께 놀며 자란 친구를 이르는 말이에요.

낱말판

눈치	동물	무리	버릇
부모	소비	이웃	형제
가려움	괴로움	그리움	대나무
더러움	돌멩이	소나무	향나무

❶ ❷ ❸ ❹

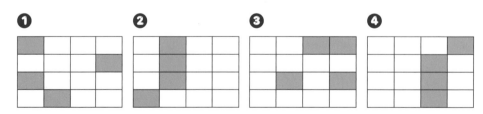

문장 속 빈칸에 들어갈 사자성어를 고른 후, 사자성어 아래의 숫자를 비밀번호 칸에서 찾아 색칠하세요.

○○○○이라더니 좋아하는 음식이나 취미가 같은 선하와 민지가 단짝이 되었어.

| 동고동락 ① | 유유상종 ② |

서아는 같은 반 친구에게 나를 유치원 때부터 같이 놀며 자란 ○○○○(으)로 소개했어.

| 근묵자흑 ③ | 죽마고우 ④ |

○○○○(이)라고 지각을 잘 하는 지수와 어울리더니 서혜도 지각을 하기 시작했어.

| 근묵자흑 ⑤ | 죽마고우 ⑥ |

시골에서 형편이 어려운 사람들과 함께 ○○○○하며 봉사 활동을 하는 신부님이 뉴스에 소개되었어.

| 근묵자흑 ⑦ | 동고동락 ⑧ |

비밀번호는 1 2 3 4 5 6 7 8 이야!

아래 열쇠를 보고 가로세로 퍼즐을 완성하세요.

연두색 칸에는 오늘 배운 사자성어가 들어가요.

가로 열쇠

2 동그랗게 생긴 모양 또는 동그랗게 생긴 물체.

5 우리말의 낱말들을 일정한 순서로 배열하여 그 낱말들의 발음, 뜻, 쓰임 등을 밝히고 풀이한 책.

7 연고나 붕대 등을 피부에 붙이기 위하여, 점착성 물질을 발라서 만든 헝겊이나 테이프. 예 형은 약국에서 일회용 ○○○을/를 사서 상처에 붙였다.

9 사자성어 먹을 가까이하면 자신도 모르게 검어진다는 뜻으로, 나쁜 사람과 가까이 지내면 나쁜 버릇에 물들기 쉬움을 빗대어 표현하는 말.

11 거미가 제 몸에서 뽑아낸 가는 줄이나 그 줄로 된 그물. 예 거미가 쳐 놓은 ○○○에 곤충이 걸렸다.

13 신문, 잡지, 방송 등에 실을 기사를 취재하여 쓰거나 편집하는 사람. 예 그 ○○의 기사는 예리하기로 소문이 나 있다.

15 사자성어 같은 무리끼리 서로 사귄다는 뜻으로, 비슷한 부류의 사람들끼리 모이거나 사귀는 것을 이르는 말.

세로 열쇠

1 사자성어 괴로움도 즐거움도 함께 한다는 뜻으로, 어려운 일이 있으면 같이 고생하고 좋은 일이 있으면 같이 즐기는 것을 이르는 말.

3 꿈속의 세계. 예 아기가 ○○○을/를 여행하고 있다.

4 남의 머리를 다듬고 화장하는 일을 직업으로 하는 사람.

6 축구, 핸드볼 등의 운동 경기에서, 경기 시간을 반씩 둘로 나눈 것의 앞쪽 경기. 반대말 후반전

8 사자성어 대나무로 만든 말을 함께 타고 놀던 친구라는 뜻으로, 어려서부터 함께 놀며 자란 친구를 이르는 말.

10 사람이 올라타고 앉아 두 다리의 힘으로 바퀴를 굴려서 나아가게 만든 탈것. 주로 바퀴가 두 개임.

12 두 손으로 줄의 양쪽 끝을 잡고 발밑에서 머리 위로 돌리면서 그 줄을 뛰어넘는 운동. 또는 그 줄.

14 미리 정하여 놓은 시각에 저절로 소리가 나도록 장치가 되어 있는 시계. 비슷한말 알람 시계

15 초등학교에 들어가기 전의 어린이들을 교육하는 시설.

 다음 상황에 어울리는 사자성어를 사다리를 타고 내려가서 확인하세요.

우리는 간과 쓸개를 보여 줄 만큼 친한 사이야!

내일 친구들이랑 눈사람을 만들어야지.

내일 출근길이 걱정이네.

너도 배탈이 나서 돈가스를 못 먹었구나.

품성이나 학문에서 형을 형이라 하기도, 아우를 아우라 하기도 어렵구나.

간담상조

간과 쓸개를 꺼내어 보인다는 뜻으로, 서로 속마음을 털어놓고 친하게 사귐을 이르는 말.

난형난제

누구를 형이라 하고, 누구를 아우라 하기 어렵다는 뜻으로, 두 사물이 비슷하여 낫고 못함을 정하기 어려움을 이르는 말.

동병상련

같은 병을 앓는 사람끼리 서로 불쌍히 여긴다는 뜻으로, 어려운 처지에 있는 사람끼리 서로 불쌍히 여김을 이르는 말.

동상이몽

같은 자리에 자면서 다른 꿈을 꾼다는 뜻으로, 겉으로는 같이 행동하면서도 속으로는 각각 딴생각을 하고 있음을 이르는 말.

• 미니북 80~83쪽

20 일차 우리 사이는

공부한날
월   일
정답 보기

사자성어 **85**

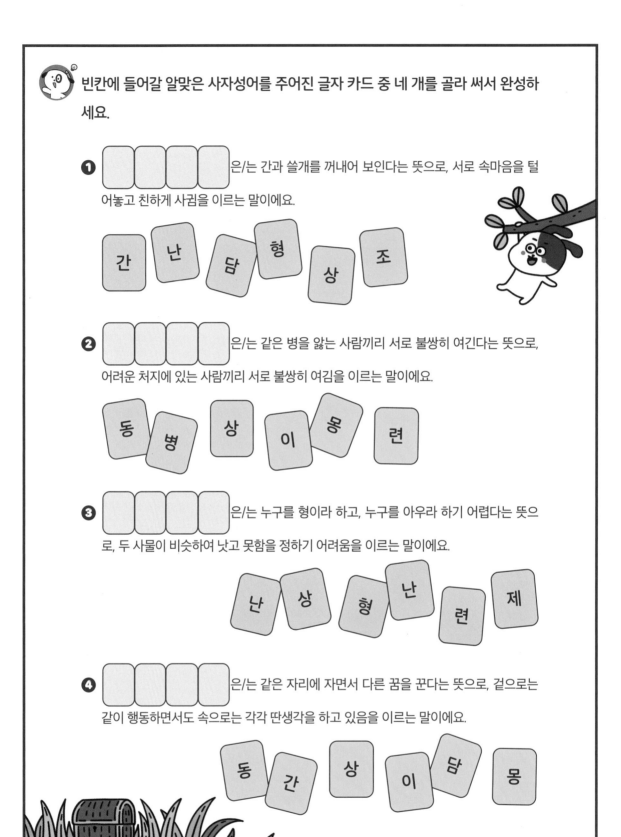

빈칸에 들어갈 알맞은 사자성어를 주어진 글자 카드 중 네 개를 골라 써서 완성하세요.

❶ ☐☐☐☐ 은/는 간과 쓸개를 꺼내어 보인다는 뜻으로, 서로 속마음을 털어놓고 친하게 사귐을 이르는 말이에요.

간 난 담 형 상 조

❷ ☐☐☐☐ 은/는 같은 병을 앓는 사람끼리 서로 불쌍히 여긴다는 뜻으로, 어려운 처지에 있는 사람끼리 서로 불쌍히 여김을 이르는 말이에요.

동 병 상 이 몽 련

❸ ☐☐☐☐ 은/는 누구를 형이라 하고, 누구를 아우라 하기 어렵다는 뜻으로, 두 사물이 비슷하여 낫고 못함을 정하기 어려움을 이르는 말이에요.

난 상 형 난 련 제

❹ ☐☐☐☐ 은/는 같은 자리에 자면서 다른 꿈을 꾼다는 뜻으로, 겉으로는 같이 행동하면서도 속으로는 각각 딴생각을 하고 있음을 이르는 말이에요.

동 간 상 이 담 몽

 문장 속 빈칸에 들어갈 사자성어 퍼즐 조각을 차례대로 붙였을 때 (가)~(라) 중 알맞은 것에 ○표를 하세요.

① 두 선수의 실력이 ○○○○(이)라서 누가 금메달을 딸지 모르겠어.

| 난형난제 | ★ |
| 동병상련 | ★ |

② 학교에서 만난 호영이와 지운이는 ○○○○하는 가까운 사이가 되어 항상 붙어 다녀.

| 간담상조 | ■ |
| 난형난제 | ■ |

③ 뉴스를 보니 부모님과 초등학생들이 스마트폰 사용 시간을 두고 ○○○○을/를 하고 있었어.

| 간담상조 | ● |
| 동상이몽 | ● |

④ 친구가 전학을 가서 마음이 아팠는데, 드라마에서 주인공이 친구와 헤어져서 슬퍼하는 모습을 보고 ○○○○을 느꼈어.

| 동병상련 | ▲ |
| 동상이몽 | ▲ |

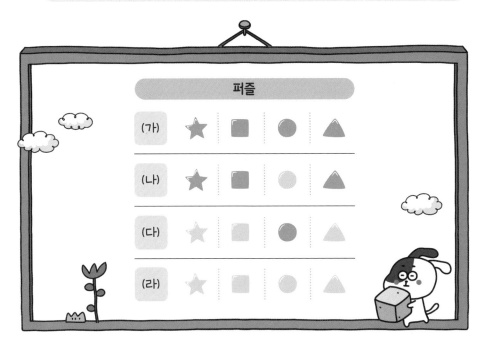

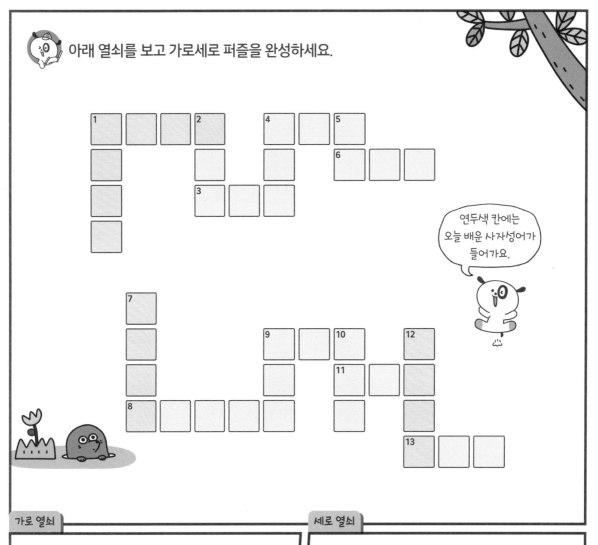

아래 열쇠를 보고 가로세로 퍼즐을 완성하세요.

연두색 칸에는 오늘 배운 사자성어가 들어가요.

가로 열쇠

1 (사자성어) 같은 자리에 자면서 다른 꿈을 꾼다는 뜻으로, 겉으로는 같이 행동하면서도 속으로는 각각 딴생각을 하고 있음을 이르는 말.
3 몸 안의 조직이나 혈관에 약물을 넣는 데 쓰는 의료 기구.
4 자전거, 자동차, 비행기 등의 바퀴 둘레에 끼우는 테. (예) 자동차의 ○○○ 미끄러지는 소리가 크게 들렸다.
6 배를 대어 사람과 짐이 오르내릴 수 있도록 만들어 놓은 부두가 있는 근처.
8 조개의 살을 겉에서 싸고 있는 단단한 껍데기.
9 맨손과 맨발로 찌르기, 차기, 치기 등으로 공격하거나 방어하는 우리나라 고유의 전통 무예를 바탕으로 한 운동.
11 수영에서, 헤엄치는 방법을 제한하지 않는 경기 종목.
13 과자나 빵 따위를 만들어 파는 가게. (예) ○○○에서 친구의 생일 케이크를 샀다.

세로 열쇠

1 (사자성어) 같은 병을 앓는 사람끼리 서로 불쌍히 여긴다는 뜻으로, 어려운 처지에 있는 사람끼리 서로 불쌍히 여김을 이르는 말.
2 여러 사람의 사진에서 얼굴의 각 부분을 따서 따로 합쳐 어떤 사람의 형상을 이루게 한 사진. 흔히 수배 전단을 만드는 데 이용함. (예) 범인의 ○○○을/를 만들어 공개하다.
4 북, 장구 등 두드려서 소리를 내는 악기를 이르는 말.
5 물고기 잡는 일을 직업으로 하는 사람. (비슷한말) 어민
7 (사자성어) 간과 쓸개를 꺼내어 보인다는 뜻으로, 서로 속마음을 털어놓고 친하게 사귐을 이르는 말.
9 흰 바탕의 한가운데에 태극을, 네 귀에 태극을 향하여 건·곤·감·이의 괘를 그린 우리나라 국기.
10 흙으로 빚어 높은 열에 구워서 만든 그릇을 이르는 말.
12 (사자성어) 누구를 형이라 하고, 누구를 아우라 하기 어렵다는 뜻으로, 두 사물이 비슷하여 낫고 못함을 정하기 어려움을 이르는 말.

● 미니북 84~87쪽

다음 뜻을 보고 각 글자에 ○표를 하여 그림에 어울리는 사자성어를 완성하세요.

권선징악
착한 일을 권장하고 악한 일을 징계함을 이르는 말.

다다익선
많으면 많을수록 더욱 좋음을 이르는 말.

문전성시
찾아오는 사람이 많아 집 문 앞이 마치 시장처럼 북적거리는 것을 이르는 말.

화룡점정
용을 그린 뒤 마지막으로 눈동자를 찍는다는 뜻으로, 무슨 일을 하는 데에 가장 중요한 부분을 완성함을 빗대어 표현하는 말.

❶

| 권 | 문 | 선 | 전 | 성 | 시 |

❷

| 화 | 룡 | 다 | 점 | 익 | 정 |

❸

| 문 | 다 | 다 | 성 | 익 | 선 |

❹

| 권 | 화 | 선 | 룡 | 징 | 악 |

글자판에 가로, 세로, 대각선 방향으로 사자성어가 놓여 있습니다. 각 친구들이 설명하는 사자성어를 찾아 쓰세요.

많으면 많을수록 더욱 좋음을 이르는 말이야.

찾아오는 사람이 많아 집 문 앞이 마치 시장처럼 북적거리는 것을 이르는 말이야.

문	전	성	시
다	다	익	선
화	룡	점	정
권	선	징	악

화	권	문	다
룡	선	전	다
점	징	성	익
정	악	시	선

화	문	전	성
권	룡	선	시
징	악	점	선
다	다	익	정

권	다	화	문
선	다	룡	전
징	익	점	성
악	선	정	시

용을 그린 뒤 마지막으로 눈동자를 찍는다는 뜻으로, 무슨 일을 하는 데에 가장 중요한 부분을 완성함을 빗대어 표현하는 말이야.

착한 일을 권장하고 악한 일을 징계함을 이르는 말이야.

문장 속 빈칸에 들어갈 사자성어를 고른 후, 사자성어 아래의 숫자를 비밀번호 칸에서 찾아 색칠하세요.

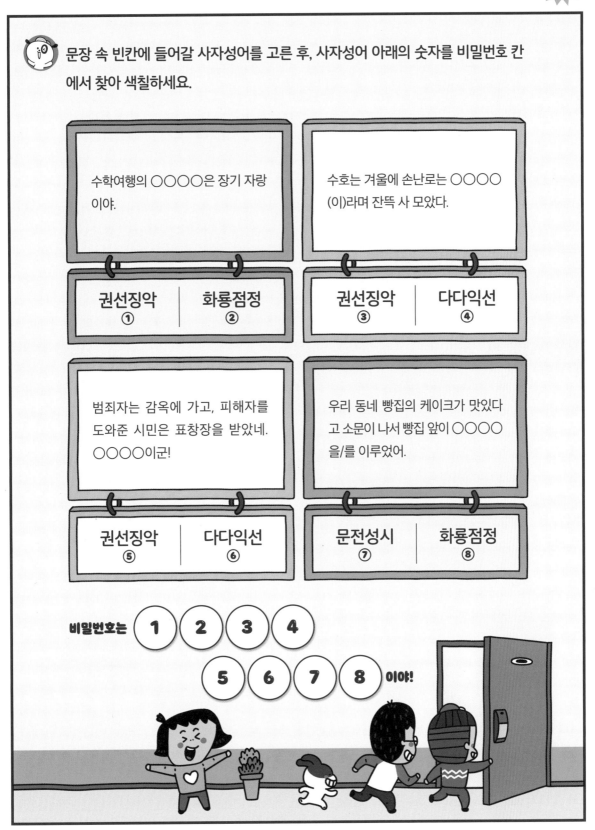

수학여행의 ○○○○은 장기 자랑이야.

권선징악	화룡점정
①	②

수호는 겨울에 손난로는 ○○○○(이)라며 잔뜩 사 모았다.

권선징악	다다익선
③	④

범죄자는 감옥에 가고, 피해자를 도와준 시민은 표창장을 받았네. ○○○○이군!

권선징악	다다익선
⑤	⑥

우리 동네 빵집의 케이크가 맛있다고 소문이 나서 빵집 앞이 ○○○○을/를 이루었어.

문전성시	화룡점정
⑦	⑧

비밀번호는 ① ② ③ ④ ⑤ ⑥ ⑦ ⑧ 이야!

아래 열쇠를 보고 가로세로 퍼즐을 완성하세요.

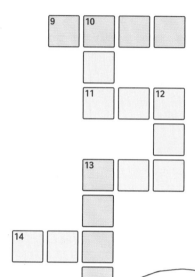

연두색 칸에는 오늘 배운 사자성어가 들어가요.

가로 열쇠

1 축을 중심으로 빙빙 돌려서 드나들게 만든 문. 예 나는 ○○○을/를 밀고 건물에 들어갔다.

3 양쪽의 사이. 예 세 건물 중 ○○○ 건물이 가장 높다.

5 한 사회 안에 여러 민족이나 여러 국가의 문화가 어우러져 나타나는 것을 이르는 말. 예 ○○○ 가족

6 【사자성어】 착한 일을 권장하고 악한 일을 징계함을 이르는 말.

8 서양화에서 물감을 물에 풀어서 붓으로 그린 그림.

9 【사자성어】 찾아오는 사람이 많아 집 문 앞이 마치 시장처럼 북적거리는 것을 이르는 말.

11 회사에서 일하는 사람.

13 화장실에서 쓰거나 화장할 때 쓰는 부드러운 종이로, 휴지를 달리 이르는 말.

14 여러 가지 상품을 종류에 따라 나누어 벌여 놓고 판매하는 아주 큰 상점.

세로 열쇠

2 어떤 분야에 대한 전문적인 지식이나 기술을 가진 사람. 예 그는 오랫동안 연구하여 그 분야의 ○○○이/가 되었다.

4 운동할 때 신는 신발. 예 선하는 새 ○○○을/를 신고 신나게 뛰었다.

5 【사자성어】 많으면 많을수록 더욱 좋음을 이르는 말.

6 두 사람이 양손에 글러브를 끼고 주먹으로 상대를 쳐서 승부를 겨루는 운동 경기. 【비슷한말】 복싱

7 인사, 화해 등의 뜻을 나타내기 위하여 두 사람이 각자 한 손을 내밀어 마주 잡는 일.

10 특정한 물건을 벌여 차려 놓고 사람들에게 보이는 행사나 모임. 예 미술 작품 ○○○

12 물건이 만들어지거나 생겨나는 곳.

13 【사자성어】 용을 그린 뒤 마지막으로 눈동자를 찍는다는 뜻으로, 무슨 일을 하는 데에 가장 중요한 부분을 완성함을 빗대어 표현하는 말.

22 일차

사람이라면 마땅히

• 미니북 88~91쪽

다음 퍼즐 모양을 보고 빈칸에 들어갈 알맞은 사자성어를 쓰세요.

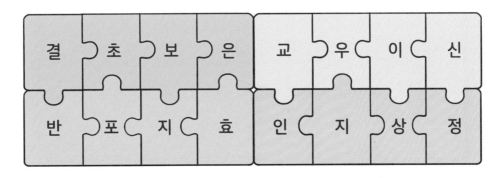

| 결 | 초 | 보 | 은 | | 교 | 우 | 이 | 신 |
| 반 | 포 | 지 | 효 | | 인 | 지 | 상 | 정 |

❶  은/는 믿음으로 친구를 사귐을 이르는 말이에요.

❷ 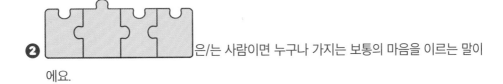 은/는 사람이면 누구나 가지는 보통의 마음을 이르는 말이에요.

❸ 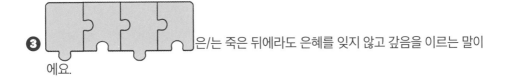 은/는 죽은 뒤에라도 은혜를 잊지 않고 갚음을 이르는 말이에요.

❹ 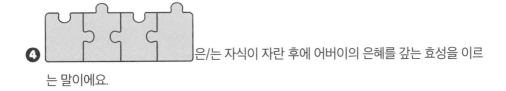 은/는 자식이 자란 후에 어버이의 은혜를 갚는 효성을 이르는 말이에요.

다음 빈칸에 들어갈 말을 낱말판 에서 모두 찾아 색칠하세요. 색칠했을 때 나타나는 모양을 ❶~❹ 중에서 골라 ◯표를 하세요.

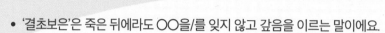

- '결초보은'은 죽은 뒤에라도 ◯◯을/를 잊지 않고 갚음을 이르는 말이에요.
- '교우이신'은 ◯◯(으)로 친구를 사귐을 이르는 말이에요.
- '반포지효'는 자식이 자란 후에 어버이의 은혜를 갚는 ◯◯을/를 이르는 말이에요.
- '인지상정'은 ◯◯(이)면 누구나 가지는 보통의 마음을 이르는 말이에요.

 낱말판

거짓	귀신	기분	믿음
배신	부모	사람	원수
은혜	의심	자식	지적
친구	행복	형제	효성

❶　　　❷　　　❸　　　❹

각 문장 속에서 사자성어가 바르게 활용되었는지 확인하세요. 그중 사자성어를 바르게 활용한 방만 통과하여 방을 탈출해 보세요.

방 탈출 규칙

• 벽이 뚫린 곳을 통과할 수 있습니다.
• 각 방은 한 번씩만 통과할 수 있습니다.
• 사자성어를 올바르게 활용한 문장은 모두 통과해야 합니다.

출발

어려운 이웃을 돕고 싶은 것은 <u>인지상정</u>이야.

나는 친구를 사귈 때 <u>교우이신</u>의 마음가짐이 중요하다고 생각해.

뉴스에 90세가 된 어머니를 <u>반포지효</u>로 모시는 60세 아들의 이야기가 나왔어.

아빠는 어렸을 때 큰 도움을 받았던 친구에게 반드시 <u>결초보은</u>하겠다고 하셨어.

계획을 세운 다음 날부터 지키지 않다니 정말 <u>교우이신</u>이야!

부모님께서 친구가 힘들 때에는 <u>반포지효</u>의 마음으로 도우라고 하셨어.

효정이는 설거지를 하다가 그릇을 깼다고 솔직하게 <u>결초보은</u>하더라.

동생이 내 그림에 물을 쏟았다고 <u>인지상정</u>했어.

아래 열쇠를 보고 가로세로 퍼즐을 완성하세요.

연두색 칸에는 오늘 배운 사자성어가 들어가요.

가로 열쇠

1 자석으로 된 바늘이 움직이면서 남과 북을 가리켜 방위를 알 수 있게 만든 기구.

3 (사자성어) 사람이면 누구나 가지는 보통의 마음을 이르는 말.

5 가로막아서 거치적거리게 하는 물건이나 일. 예 앞에 놓여 있는 ○○○을/를 피하다.

7 사실이 아닌 것을 사실인 것처럼 꾸며 대어 말을 함.

9 주로 만 6세의 아이들을 입학시켜서 6년 동안 기본적인 교육을 실시하기 위한 학교. 예 옆집에는 ○○○○에 다니는 아이가 셋이나 있다.

11 어떤 일이나 사건에 대하여 일정한 줄거리를 가지고 하는 말이나 글. 예 엄마는 잠들기 전 침대에서 많은 ○○○을/를 해 주신다.

13 자연의 경치를 그린 그림. 예 산 정상에 올라 경치를 보니 한 폭의 ○○○을/를 보는 것 같았다.

세로 열쇠

2 (사자성어) 자식이 자란 후에 어버이의 은혜를 갚는 효성을 이르는 말.

4 버스나 택시 등이 사람을 태우거나 내려 주기 위하여 머무르는 일정한 장소. (비슷한말) 정거장

6 노력이 헛되게 된 상태를 빗대어 표현하는 말. 예 모든 계획이 ○○○이/가 되었다.

8 (사자성어) 죽은 뒤에라도 은혜를 잊지 않고 갚음을 이르는 말.

10 (사자성어) 믿음으로 친구를 사귐을 이르는 말.

12 전기 모터의 축에 날개를 달아, 그 돌아가는 힘으로 바람을 일으키는 기계. 예 한여름의 무더위에 하루 종일 ○○○을/를 켜 두었어.

14 사람들 사이에서 자주 이야기될 만한 소재. 예 그 일은 장안의 ○○○○이었다.

나 이런 사람이야

• 미니북 92~95쪽

 다음 뜻을 보고 각 글자에 ○표를 하여 그림에 어울리는 사자성어를 완성하세요.

낭중지추
주머니 속의 송곳이라는 뜻으로, 재능이 뛰어난 사람은 숨어 있어도 저절로 사람들에게 알려짐을 이르는 말.

박학다식
학식이 넓고 아는 것이 많음을 이르는 말.

선견지명
어떤 일이 일어나기 전에 미리 앞을 내다보고 아는 지혜를 이르는 말.

외유내강
겉으로는 부드럽고 순하게 보이나 속은 곧고 굳셈을 이르는 말.

❶
내 속은 단단하다고!
겉은 부드러워 보이는데!

외	낭	유	중	내	강

❷
네덜란드의 수도는 암스테르담, 제31회 올림픽 개최국은 브라질이야.
와~
으쓱
모르는 게 없네.

선	박	학	다	견	식

❸
적이 쳐들어올 수 있다던 이이 선생의 예측이 맞았어!

외	선	견	내	지	명

❹
오오!!

낭	중	다	식	지	추

주어진 뜻을 보고 빈칸에 들어갈 알맞은 글자를 찾아 써서 사자성어를 완성하세요.

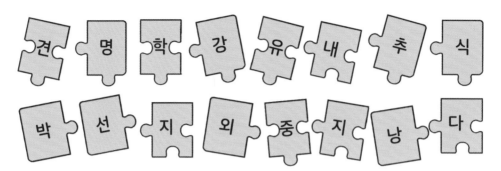

견 명 학 강 유 내 추 식

박 선 지 외 중 지 낭 다

❶ 학식이 넓고 아는 것이 많음을 이르는 말이에요.

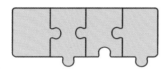

❷ 겉으로는 부드럽고 순하게 보이나 속은 곧고 굳셈을 이르는 말이에요.

❸ 어떤 일이 일어나기 전에 미리 앞을 내다보고 아는 지혜를 이르는 말이에요.

❹ 주머니 속의 송곳이라는 뜻으로, 재능이 뛰어난 사람은 숨어 있어도 저절로 사람들에게
알려짐을 이르는 말이에요.

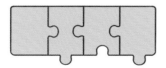

문장 속 빈칸에 들어갈 사자성어 퍼즐 조각을 차례대로 붙였을 때 (가)~(라) 중 알맞은 것에 ○표를 하세요.

❶ 서준이는 다른 나라의 역사와 문화까지 아는 ○○○○한 친구야.

| 박학다식 | 🔴 |
| 외유내강 | 🔴 |

❷ 별이는 앞으로의 일을 잘 예측하고 대비하는 ○○○○이/가 있어.

| 낭중지추 | ⭐ |
| 선견지명 | ⭐ |

❸ 가온이는 여려 보이는데 어려운 상황이 닥쳤을 때 꿋꿋하게 이겨 내는 ○○○○한 성품을 가졌어.

| 박학다식 | 🔺 |
| 외유내강 | 🔺 |

❹ 작은 시골 학교의 야구부 부원이었던 이재의 실력이 알려져서 청소년 국가 대표 선수로 선발된 것을 보니 ○○○○(이)라는 말이 떠올랐어.

| 낭중지추 | 🟦 |
| 선견지명 | 🟦 |

퍼즐

(가)	🔴	⭐	🔺	🟦
(나)	🔴	⭐	🔺	🟦
(다)	🔴	⭐	🔺	🟦
(라)	🔴	⭐	🔺	🟦

아래 열쇠를 보고 가로세로 퍼즐을 완성하세요.

연두색 칸에는 오늘 배운 사자성어가 들어가요.

가로 열쇠

1 아이나 새끼를 뱀. 예 아이를 ○○한 고모께 축하 인사를 건네었다.

3 아버지와 어머니를 높여 이르는 말. 예 ○○○의 은혜에 보답하다.

4 (사자성어) 어떤 일이 일어나기 전에 미리 앞을 내다보고 아는 지혜를 이르는 말.

5 깎아지른 듯한 언덕. 예 가파른 ○○○○(으)로 떨어지는 꿈을 꾸었다.

6 (사자성어) 학식이 넓고 아는 것이 많음을 이르는 말.

7 (사자성어) 겉으로는 부드럽고 순하게 보이나 속은 곧고 굳셈을 이르는 말.

9 여럿 가운데 한 아이가 술래가 되어 숨은 사람을 찾아내는 놀이. 예 친구들과 ○○○○을/를 하면 내가 꼭 술래가 되었다.

세로 열쇠

2 갓 결혼한 부부. 예 결혼한 지 한 달 된 ○○○○이/가 옆집으로 이사를 왔다.

4 학생을 가르치는 사람을 높여 이르는 말. 예 학교에서는 ○○○의 말씀을 잘 따라야 한다.

5 (사자성어) 주머니 속의 송곳이라는 뜻으로, 재능이 뛰어난 사람은 숨어 있어도 저절로 사람들에게 알려짐을 이르는 말.

7 좁은 개울 같은 곳에 한 개의 통나무로 놓은 다리. 예 원수는 ○○○○○에서 만난다더니!

8 정월 대보름날이나 팔월 한가위에 여럿이 서로 손을 잡고 둥글게 돌면서 춤을 추고 노래를 부르는 민속놀이.

10 코 안이 자극을 받아 간지럽다가 갑자기 코로 숨을 내뿜으면서 큰 소리를 내는 일. 예 매운 냄새를 맡았더니 ○○○이/가 났다.

우아! 대단한데

● 미니북 96~99쪽

 다음 상황에 어울리는 사자성어를 사다리를 타고 내려가서 확인하세요.

내가 이 중에서 제일 돋보이는군.

'달리기 왕 박승호'라는 이름이 날 만하군!

나는 축구, 노래, 요리 모두 자신 있지!

매일매일 실력이 나아지고 있어!

군계일학

닭의 무리 가운데에서 한 마리의 학이라는 뜻으로, 많은 사람 가운데서 뛰어난 인물을 이르는 말.

다재다능

재주와 능력이 여러 가지로 많음을 이르는 말.

명불허전

명성이나 명예가 헛되이 퍼진 것이 아니라는 뜻으로, 이름날 만한 까닭이 있음을 이르는 말.

일취월장

나날이 다달이 자라거나 발전함을 이르는 말.

글자판에 가로, 세로, 대각선 방향으로 사자성어가 놓여 있습니다. 각 친구들이 설명하는 사자성어를 찾아 쓰세요.

재주와 능력이 여러 가지로 많음을 이르는 말이야.

명성이나 명예가 헛되이 퍼진 것이 아니라는 뜻으로, 이름날 만한 까닭이 있음을 이르는 말이야.

나날이 다달이 자라거나 발전함을 이르는 말이야.

닭의 무리 가운데에서 한 마리의 학이라는 뜻으로, 많은 사람 가운데서 뛰어난 인물을 이르는 말이야.

문장 속 빈칸에 들어갈 사자성어를 고른 후, 사자성어 아래의 숫자를 비밀번호 칸에서 찾아 색칠하세요.

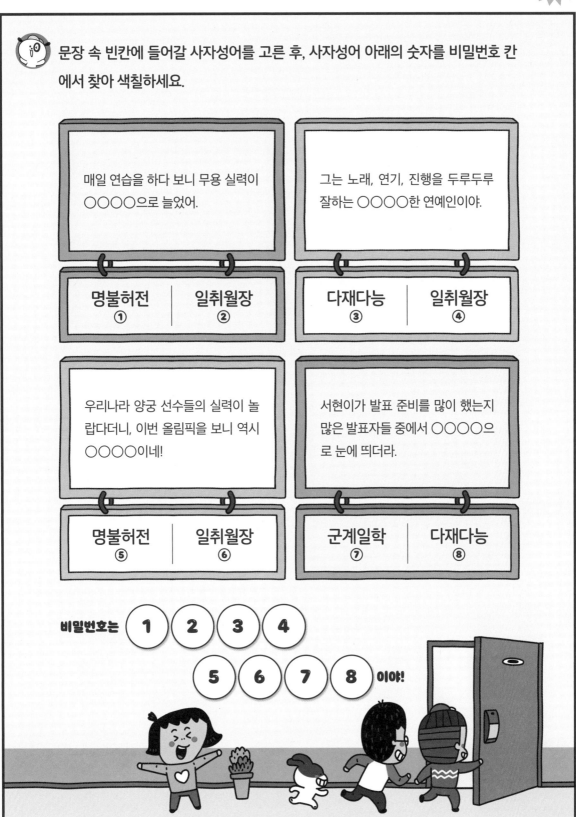

매일 연습을 하다 보니 무용 실력이 ○○○○으로 늘었어.

| 명불허전 ① | 일취월장 ② |

그는 노래, 연기, 진행을 두루두루 잘하는 ○○○○한 연예인이야.

| 다재다능 ③ | 일취월장 ④ |

우리나라 양궁 선수들의 실력이 놀랍다더니, 이번 올림픽을 보니 역시 ○○○○이네!

| 명불허전 ⑤ | 일취월장 ⑥ |

서현이가 발표 준비를 많이 했는지 많은 발표자들 중에서 ○○○○으로 눈에 띄더라.

| 군계일학 ⑦ | 다재다능 ⑧ |

비밀번호는 1 2 3 4 5 6 7 8 이야!

아래 열쇠를 보고 가로세로 퍼즐을 완성하세요.

연두색 칸에는 오늘 배운 사자성어가 들어가요.

가로 열쇠

1 [사자성어] 명성이나 명예가 헛되이 퍼진 것이 아니라는 뜻으로, 이름날 만한 까닭이 있음을 이르는 말.

3 텔레비전이나 라디오에서 뉴스 보도, 중계 등의 방송을 전문적으로 맡아 하는 사람. 예 ○○○○이/가 축구 중계를 한다.

5 갈증을 해소하거나 맛을 즐길 수 있도록 만든, 마실 수 있는 물이나 액체.

6 둘 또는 여럿 사이에 서로 비슷하거나 같은 점. [반대말] 차이점

7 [사자성어] 닭의 무리 가운데에서 한 마리의 학이라는 뜻으로, 많은 사람 가운데서 뛰어난 인물을 이르는 말.

10 어떤 일이 이루어지거나 일어나는 곳. 예 약속 ○○에 도착하다.

12 문화적 가치가 두드러져서 특별히 법의 보호를 받는 나라의 문화적 사물. 예 무형 ○○○

세로 열쇠

2 논밭에 있는 곡식을 해치는 새, 짐승 등을 막기 위하여 막대기와 짚 등으로 만들어 세우는 사람 모양의 물건. 예 논밭에 ○○○○이/가 양팔을 벌리고 서 있다.

4 운동 경기에 뛰어난 재주가 있거나 전문적으로 운동을 하는 사람.

5 음식을 만들어 파는 가게.

7 쓸데없이 덧붙은 것. 예 좋은 글은 ○○○○이/가 없어야 한다.

8 [사자성어] 나날이 다달이 자라거나 발전함을 이르는 말.

9 한 학기가 끝나고 일정 기간 동안 수업을 쉬는 일. 예 여름 ○○

11 사실인지 거짓인지 모르지만 사람들 입에 오르내리려 전하여 널리 퍼진 말. 예 곧 전쟁이 난다는 ○○이/가 온 마을에 퍼졌다.

13 [사자성어] 재주와 능력이 여러 가지로 많음을 이르는 말.

25 일차

왜 그러는 거야

● 미니북 100~103쪽

 다음 사자성어가 어떻게 쓰이는지 길을 따라 내려가서 확인하세요.

동문서답
물음과는 전혀
상관없는 엉뚱한
대답을 이르는 말.

묵묵부답
잠자코 아무 대답도
하지 않음을
이르는 말.

적반하장
도둑이 도리어 매를
든다는 뜻으로, 잘못한
사람이 아무 잘못도
없는 사람을 나무람을
이르는 말.

중언부언
이미 한 말을
자꾸 되풀이함을
이르는 말.

아무리 물어봐도
○○○○이네.
말 좀 해 봐!

동쪽이 어딘지 물었는데
서쪽이 어딘지 대답하다니,
○○○○이야.

도둑이 화를 내다니,
○○○○이네.

조용히 해!

같은 말을 계속
반복하네. ○○○○은
참기 힘들어.

회장 선거

빈칸에 들어갈 알맞은 사자성어를 주어진 글자 카드 중 네 개를 골라 써서 완성하세요.

❶ ☐☐☐☐ 은/는 이미 한 말을 자꾸 되풀이함을 이르는 말이에요.

중 동 언 부 언 문

❷ ☐☐☐☐ 은/는 잠자코 아무 대답도 하지 않음을 이르는 말이에요.

적 묵 묵 부 하 답

❸ ☐☐☐☐ 은/는 물음과는 전혀 상관없는 엉뚱한 대답을 이르는 말이에요.

동 문 중 서 답 언

❹ ☐☐☐☐ 은/는 도둑이 도리어 매를 든다는 뜻으로, 잘못한 사람이 아무 잘못도 없는 사람을 나무람을 이르는 말이에요.

묵 적 반 하 장 답

문장 속 빈칸에 들어갈 사자성어를 말한 친구가 그 땅을 차지할 수 있어요. 다음 중 가장 많은 땅을 차지하게 될 친구를 골라 ◯표를 하세요.

동문서답 묵묵부답 적반하장 중언부언

내가 당황해서 같은 말을 ◯◯◯◯하자, 언니는 한 번만 말하라고 했어.

선하에게 수학 단원 평가를 잘 봤냐고 물었더니 ◯◯◯◯으로 과학 단원 평가 이야기를 하더라.

우리 아빠는 30분째 ◯◯◯◯하시며 방을 치우라는 말을 반복하셨어.

엄마한테 캐릭터 인형을 사 달라고 했는데 엄마는 입술을 닫은 채 ◯◯◯◯이었어.

소속사에서는 그 배우의 논란에 대한 공식 입장을 밝히지 않고 ◯◯◯◯ 하고 있어.

수학 숙제에 대해 질문하자 지윤이는 뜬금없이 방과 후 수업 이야기를 하며 ◯◯◯◯이더라.

형이 먼저 싸움을 걸더니 ◯◯◯◯으로 엄마한테 말하면 혼낼 거라고 했어.

재윤이가 어떤 질문에도 ◯◯◯◯하자, 선생님께서는 무슨 말이라도 해 보라고 하셨어.

윤아가 내 스마트폰을 떨어뜨려 놓고 ◯◯◯◯으로 나한테 왜 가방에 넣어 두지 않았냐고 화를 냈어.

아래 열쇠를 보고 가로세로 퍼즐을 완성하세요.

연두색 칸에는 오늘 배운 사자성어가 들어가요.

가로 열쇠

1 아무 말 없이 잠잠히 있음. 또는 그런 상태. 예 선생님께서 오랜 ○○을/를 깨고 말씀하셨다.
3 재산이 많아 살림이 넉넉한 사람의 집.
4 (사자성어) 물음과는 전혀 상관없는 엉뚱한 대답을 이르는 말.
6 어떤 지역을 대표하는 특별한 물건. 예 굴비는 영광의 ○○○이다.
8 옷 등을 넣어 두는 가구를 이르는 말.
9 귀, 코, 목구멍 등의 병을 전문적으로 치료하는 의학 분야. 또는 그런 병원.
11 (사자성어) 이미 한 말을 자꾸 되풀이함을 이르는 말.
13 (사자성어) 도둑이 도리어 매를 든다는 뜻으로, 잘못한 사람이 아무 잘못도 없는 사람을 나무람을 이르는 말.
15 물음이나 의심을 나타내는 문장의 끝에 쓰는 문장 부호의 하나. '?'의 이름.

세로 열쇠

2 (사자성어) 잠자코 아무 대답도 하지 않음을 이르는 말.
4 남의 어려운 처지를 안타깝게 여기는 마음. 예 아픈 강아지를 보니 ○○○이/가 생겼다.
5 서울을 지방 자치 단체인 특별시로서 이르는 이름.
7 헤엄칠 때 발등으로 물 위를 잇따라 치는 일. 예 물가에서 ○○○을/를 치며 놀다.
10 기준이나 표준에 비하여 지나치게 많이 나가는 몸무게. 예 ○○○(이)나 비만인 사람들은 건강을 위해 다이어트를 하는 것이 좋다.
12 회장에 다음가는 직위.
14 사람이 정서적으로 의지하고자 가까이 두고 기르는 개, 고양이, 새 등의 동물. 예 민아는 고양이를 ○○○○이자 가족이라고 생각한다.
16 학교에서 음악 수업에 쓰는 교실. 또는 음악을 연주하거나 감상할 수 있게 만든 방.

사자성어
찾아보기

사자성어 찾아보기

MEMO

개념과 **연산 원리**를 집중하여
한 번에 잡는 **쏙셈 영역 학습서**

하루 한장 쏙셈
분수·소수 시리즈

하루 한장 쏙셈 분수·소수 시리즈는
학년별로 흩어져 있는 분수·소수의 개념을
연결하여 집중적으로 학습하고,
재미있게 연산 원리를 깨치게 합니다.

하루 한장 쏙셈 분수·소수 시리즈로
초등학교 분수, 소수의 탁월한 감각을 기르고,
중학교 수학에서도 자신있게 실력을 발휘해 보세요.

APP 다운로드

스마트 학습 서비스 맛보기
분수와 소수의 원리를
직접 조작하며 익혀요!

분수 1권
초등학교 3~4학년

- 분수의 뜻
- 단위분수, 진분수, 가분수, 대분수
- 분수의 크기 비교
- 분모가 같은 분수의 덧셈과 뺄셈

⋮

3학년 1학기_ 분수와 소수
3학년 2학기_ 분수
4학년 2학기_ 분수의 덧셈과 뺄셈

예비초등

한글 완성
초등학교 입학 전
한글 읽기·쓰기 동시에 끝내기 [총3책]

예비 초등
자신있는 초등학교 입학 준비!
[국어, 수학, 통합교과, 학교생활 총4책]

 독해

독해 시작편
초등학교 입학 전 독해 시작하기
[총2책]

독해
교과서 단계에 맞춰 학기별
읽기 전략 공략하기 [총12책]

비문학 독해 사회편
사회 영역의 배경지식을 키우고,
비문학 읽기 전략 공략하기 [총6책]

비문학 독해 과학편
과학 영역의 배경지식을 키우고,
비문학 읽기 전략 공략하기 [총6책]

 **쏙셈**

쏙셈 시작편
초등학교 입학 전 연산 시작하기
[총2책]

쏙셈
교과서에 따른 수·연산·도형·측정까지
계산력 향상하기 [총12책]

창의력 쏙셈
문장제 문제부터 창의·사고력 문제까지
수학 역량 키우기 [총12책]

쏙셈 분수·소수
3~6학년 분수·소수의 개념과 연산 원리
를 집중 훈련하기 [분수 2책, 소수 2책]

 **ENGLISH BITE**

알파벳 쓰기
알파벳을 보고 듣고 따라 쓰며 읽기·쓰기
한 번에 끝내기 [총1책]

파닉스
알파벳의 정확한 소릿값을 익히며
영단어 읽기 [총2책]

사이트 워드
192개 사이트 워드 학습으로
리딩 자신감 쑥쑥 키우기 [총2책]

영단어
학년별 필수 영단어를 다양한
활동으로 공략하기 [총4책]

영문법
예문과 다양한 활동으로
영문법 기초 다지기 [총4책]

 **한자**

교과서 한자 어휘도 익히고
급수 한자까지 대비하기
[총12책]

 중국어

신 HSK 1, 2급 300개 단어를
기반으로 중국어 단어와 문장
익히기 [총6책]

 큰별★쌤 최태성의
한국사

큰별쌤의 명쾌한 강의와 풍부한 시각
자료로 역사의 흐름과 사건을 이미지
로 기억하기 [총3책]

 하루 한장 학습 관리 앱
**손쉬운 학습 관리로 올바른
공부 습관을 키워요!**

공부력 강화 프로그램

공부력은 초등 시기에 갖춰야 하는 기본 학습 능력입니다.

공부력이 탄탄하면 언제든지 학습에서 두각을 나타낼 수 있습니다.

초등 교과서 발행사 미래엔의 공부력 강화 프로그램은

초등 시기에 다져야 하는 공부력 향상 교재입니다.

문장제 해결력 강화

문제 해결의 길잡이

문해길 시리즈는

문장제 해결력을 키우는 상위권 수학 학습서입니다.

문해길은 8가지 문제 해결 전략을 익히며

수학 사고력을 향상하고,

수학적 성취감을 맛보게 합니다.

이런 성취감을 맛본 아이는

수학에 자신감을 갖습니다.

수학의 자신감, 문해길로 이루세요.

문해길 원리를 공부하고, 문해길 심화에 도전해 보세요!
원리로 닦은 실력이 심화에서 빛이 납니다.

문해길 원리
문장제 해결력 강화
1~6학년 학기별 [총12책]

문해길 심화
고난도 유형 해결력 완성
1~6학년 학년별 [총6책]

퍼즐런 미니북

사자성어 100

퍼즐런 미니북으로 재미있게 런

사자성어

사자성어의
정확한 뜻을
알고 싶을 때

퍼슬북을 풀다가
모르는 것이
생겼을 때

사자성어를
생활에서
활용하고 싶을 때

차례

01 난 한다면 해!

언 행 일 치
言 行 一 致
말씀 언　다닐 행　하나 일　이를 치

스스로 한 말을 지키기 위해 애쓰는 모습이 멋지네요. **언행일치**는 말과 행동이 하나로 들어맞거나 말한 대로 행동함을 이르는 말이에요.

 형, 오늘부터 편식하지 않겠다고 했으니 채소도 먹어서 언행일치를 실천하라고!

02

산을 옮긴다고?

산을 옮기겠다니 정말 어리석네요.

꾸준히 하다 보면 언젠가는 큰 산도 옮겨지지 않겠소.

우 공 이 산

愚 公 移 山
어리석을 우 공평할 공 옮길 이 산 산

우공이라는 노인이 집 앞을 가로막은 산을 옮기기 위해 대대로 산의 흙을 파서 나르겠다고 하자, 신이 이를 듣고 산을 먼 곳으로 옮겨 주었다고 해요. **우공이산**은 우공이 산을 옮긴다는 뜻으로, 어떤 일이든 끊임없이 노력하면 반드시 이루어짐을 이르는 말이에요.

나는 우공이산이라는 말을 가슴에 새기고 묵묵히 공부할 거야.

03

왜 미리미리 해야 돼?

여름에 미리 식량을 모아 두니 겨울에도 걱정이 없네!

유 비 무 환

有 備 無 患
있을 유　갖출 비　없을 무　근심 환

먹을 것이 풍부한 여름에 열심히 식량을 모아 대비하니 추운 겨울이 와도 아무 걱정이 없네요. **유비무환**은 미리 준비가 되어 있으면 걱정할 것이 없다는 말이에요.

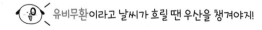 유비무환이라고 날씨가 흐릴 땐 우산을 챙겨야지!

04 못난 돌에서도 얻을 것이 있어

못난 돌이지만 내 옥돌을 갈 때 쓰면 좋겠는걸.

타 산 지 석

他 山 之 石
다를 타   산 산   갈 지   돌 석

   못난 돌멩이도 나에게는 쓸모가 있을 수 있죠. **타산지석**은 다른 산의 못난 돌이라도 자신의 옥돌을 갈 때 쓸 수 있다는 뜻으로, 남의 잘못된 말이나 행동도 자신을 갈고닦는 데에 도움이 될 수 있다는 말이에요.

 언니의 실수를 타산지석 삼아서 나는 절대 그러지 말아야지.

참 많은 일이 있었지

올해는 참 많은 일이 있었구나.

다 사 다 난

多　　　事　　　多　　　難
많을 다　　일 사　　많을 다　　어려울 난

이런저런 일이나 사건이 많았던 때를 돌아보며 쓰는 말이 있지요?
다사다난은 여러 가지 일도 많고 어려움이나 탈도 많다는 말이에요.

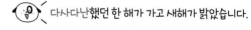

다사다난했던 한 해가 가고 새해가 밝았습니다.

8

옛날에 새옹이 기르던 말이 달아났다가, 훌륭한 말과 함께 돌아왔어요. 얼마 후 새옹의 아들이 그 말을 타다가 떨어져서 다리가 부러졌는데, 그로 인해 전쟁에 끌려가지 않아 목숨을 건질 수 있었어요. **새옹지마**는 인생의 좋고 나쁨은 변화가 많아서 예측할 수 없다는 말이에요.

새옹지마라고 하니, 네가 겪은 힘든 일이 결국 좋은 일이 될 수 있어.

07

누구 좋으라고 싸우니?

어 부 지 리

漁 夫 之 利
고기잡을 어 남편 부 갈 지 이로울 리

조개와 도요새가 서로 싸우는 동안 지나가던 어부가 둘 다 잡아 이득을 보았네요. **어부지리**는 두 사람이 이해관계로 서로 싸우는 사이에 엉뚱한 사람이 애쓰지 않고 가로챈 이익을 이르는 말이에요.

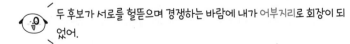

두 후보가 서로를 헐뜯으며 경쟁하는 바람에 내가 어부지리로 회장이 되었어.

08

좋은 날에 이런 일이!

좋은 날에 이게 무슨 일이야.

호 사 다 마

好 좋을 호
事 일 사
多 많을 다
魔 마귀 마

생일에 친구들을 초대했는데 배탈이 났네요. 좋은 일을 치르려면 꼭 크고 작은 일들이 생기나 봐요. **호사다마**는 좋은 일에는 흔히 방해되는 일이 많이 생긴다는 말이에요.

 호사다마라는 말이 있으니 좋은 일을 치를 땐 늘 조심해야 해.

그렇게까지 한다고?

견 문 발 검

見 蚊 拔 劍
볼 견　모기 문　뺄 발　칼 검

　　모기 한 마리를 잡는데 칼까지 뽑아 들 필요가 있을까요? **견문발검**은 모기를 보고 칼을 뺀다는 뜻으로, 사소한 일에 크게 성내어 덤빔을 이르는 말이에요.

　　조금 흘린 물을 닦으려고 휴지 한 통을 다 쓰는 건 견문발검 같은데?

은혜도 모르고!

배 은 망 덕

背 恩 忘 德
등 배 은혜 은 잊을 망 덕 덕

물에 빠진 사람을 건져 주었더니 잃어버린 보따리까지 찾아내라고 도리어 화를 낸다면 어떨까요? **배은망덕**은 남에게 입은 은혜를 저버리고 배신하는 태도를 나타내는 말이에요.

 키워 주신 부모님께 그런 불효를 저지르다니 정말 배은망덕해.

못 고르겠어

> 둘 중에 무엇을 사야 할지 결정을 못하겠어.

30분째...

우 유 부 단

優　柔　不　斷
넉넉할 우　부드러울 유　아닐 부　끊을 단

결정을 잘하지 못하고 망설이기만 하는 친구들이 있지요? **우유부단**은 어물어물 망설이기만 하고 결정적인 판단을 하는 능력이 없음을 이르는 말이에요.

소영이는 무엇이든 잘 결정하지 못하는 우유부단한 성격이야.

호 가 호 위

狐 假 虎 威
여우 호　거짓 가　범 호　위엄 위

　동물들이 무서워하는 건 호랑이인데, 여우가 그 힘을 등에 업고 위엄을 뽐내고 있네요. **호가호위**는 여우가 호랑이의 위세를 빌려 호기를 부린다는 뜻으로, 남의 권력과 세력을 빌려 위세를 부린다는 말이에요.

선우는 힘센 형만 믿고 호가호위한다니까?

안 그래도 힘든데

눈 위에 서리까지 내리니 정말 힘들다.

설 상 가 상

雪　　上　　加　　霜
눈 설　　위 상　　더할 가　　서리 상

눈 때문에 걷기 힘든데 그 위에 서리까지 내린다면 얼마나 힘들까요? **설상가상**은 눈 위에 서리가 덮인다는 뜻으로, 난처한 일이나 불행한 일이 잇따라 일어남을 이르는 말이에요.

 약속 시간에 늦었는데 설상가상으로 지하철을 눈앞에서 놓쳤어.

말이 안 되잖아

제가 집에서 일찍 나왔는데, 길을 잃어서 지각하고 말았어요.

???

매일 오가는 길에서 길을 잃었다고?

語 不 成 說
말씀 어　아닐 불　이룰 성　말씀 설

일찍 출발했는데 매일 오가는 곳에서 길을 잃어 지각을 했다니, 말의 앞뒤가 맞지 않지요? **어불성설**은 말이 조금도 이치에 맞지 않다는 말이에요.

 피아노 연습은 하지도 않으면서 경연 대회에서 상을 타길 원하는 것은 어불성설이야.

용인 줄 알았더니

용 두 사 미

龍 頭 蛇 尾
용 용　머리 두　뱀 사　꼬리 미

머리는 용인데 꼬리는 뱀이면 볼품없어 보일 거예요. **용두사미**는 용의 머리와 뱀의 꼬리라는 뜻으로, 처음은 거창하나 끝이 미미하고 약한 현상을 이르는 말이에요.

 독서 모임을 처음 만들 때는 다들 의욕이 넘치더니 나중에는 모이지도 않았다니 정말 용두사미구나.

16 이게 무슨 일이야

청 천 벽 력

青 天 霹 靂
푸를 청 하늘 천 벼락 벽 벼락 력

맑은 하늘에서 벼락이 치면 갑작스러워 깜짝 놀랄 거예요. **청천벽력**은 맑게 갠 하늘에서 치는 날벼락이라는 뜻으로, 뜻밖에 일어난 큰 사고나 사건을 빗대어 표현하는 말이에요.

할아버지께서 편찮으시다는 청천벽력 같은 소식을 들었어.

혼자서도 할 수 있어

고 군 분 투

孤 軍 奮 鬪
외로울 고　군사 군　떨칠 분　싸움 투

　　홀로 남아 누구의 도움도 받지 못하게 된 군사가 적군에게 맞서 용감하게 싸우고 있네요. **고군분투**는 남의 도움을 받지 않고 힘에 벅찬 일을 잘해 나가는 것을 빗대어 표현하는 말이에요.

 담임 선생님은 학생들을 바른 길로 이끌기 위해 고군분투하셨어.

20

18

24시간이 모자라

불 철 주 야

不 撤 晝 夜
아닐 불 거둘 철 낮 주 밤 야

무언가를 이루기 위해 밤낮으로 몰두해 본 적이 있나요? **불철주야**는
어떤 일에 몰두하여 조금도 쉴 사이 없이 밤낮을 가리지 않는다는 말이
에요.

나는 불철주야 그림 연습에 매달린 끝에 그리기 대회에서 대상을 탔어.

19 훌륭한 사람을 얻기 위해

나 좀 도와주게.

저를 세 번이나 찾아오시다니, 임금으로 모시겠습니다.

삼 고 초 려

三　顧　草　廬
석 삼　돌아볼 고　풀 초　농막 려

　　중국 삼국 시대에 유비는 뛰어난 전략가인 제갈량의 도움을 받고 싶어서 제갈량의 초가에 세 번이나 찾아갔다고 해요. **삼고초려**는 훌륭한 인재를 맞아들이기 위하여 참을성 있게 노력한다는 말이에요.

 댄스 발표회 때 누리를 우리 팀에 포함하고 싶어서 삼고초려의 마음으로 세 번이나 찾아가 부탁했어.

칠 전 팔 기

七 顚 八 起
일곱 칠 머리 전 여덟 팔 일어날 기

연속되는 탈락에도 포기하지 않고 다시 도전하는 자세가 무척 멋지죠?
칠전팔기는 일곱 번 넘어지고 여덟 번 일어난다는 뜻으로, 여러 번 실패
하여도 굴하지 않고 꾸준히 노력함을 이르는 말이에요.

현경이는 칠전팔기의 자세로 노력하여 결국 국가 대표 운동선수가 되었어.

각 주 구 검

刻　　舟　　求　　劍
새길 각　배 주　구할 구　칼 검

　배는 물을 따라 이동하므로 한참 뒤에 배 아래를 찾아도 칼은 없을 거예요. **각주구검**은 배에 새겨 칼을 찾는다는 뜻으로, 융통성 없이 현실에 맞지 않는 낡은 생각을 고집하는 어리석음을 이르는 말이에요.

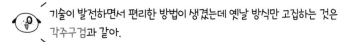

기술이 발전하면서 편리한 방법이 생겼는데 옛날 방식만 고집하는 것은 각주구검과 같아.

22

내 바늘 못 봤어?

바늘이 어디 갔지?

등 하 불 명

燈　下　不　明
등잔 등　아래 하　아닐 불　밝을 명

　등잔 밑에 있는 바늘을 못 보고 다른 곳만 찾고 있네요. **등하불명**은 등잔 밑이 어둡다는 뜻으로, 가까이에 있는 물건이나 사람을 잘 찾지 못함을 이르는 말이에요.

 등하불명이라더니 손에 든 리모컨을 찾아다니고 있었네.

23

하얀 것은 종이고 까만 것은 글씨인가?

이 중에 '고무래 정'이 뭐게?

이건가.

목 불 식 정

目 不 識 丁
눈 목 　 아닐 불 　 알 식 　 고무래 정

　고무래는 곡식을 한곳에 모을 때 쓰는 농기구예요. 'ㄒ' 자와 그 모양이 매우 닮았죠. **목불식정**은 아주 간단한 글자인 'ㄒ' 자를 보고도 그것이 '고무래'인 줄을 알지 못한다는 뜻으로, 아주 까막눈임을 이르는 말이에요.

　동생은 '기역'도 알지 못하는 **목불식정**이야.

24

소에게 책을 읽어 주면?

우 이 독 경

牛　耳　讀　經
소 우　귀 이　읽을 독　경서 경

열심히 책을 읽어 주어도 소는 들은 체도 하지 않고 있네요. **우이독경**은 쇠귀에 경 읽기라는 뜻으로, 아무리 가르치고 일러 주어도 알아듣지 못함을 이르는 말이에요.

운동 좀 하라고 아무리 이야기해도 게으름만 피우니 우이독경이야.

백날 기다려 봐라

수 주 대 토

守　　株　　待　　兎
지킬 수　그루 주　기다릴 대　토끼 토

　　한 농부가 그루터기에 부딪쳐 죽은 토끼를 잡은 이후로 일은 하지 않고 그루터기에서 토끼만 기다렸다고 해요. **수주대토**는 한 가지 일에만 얽매여 발전을 모르는 어리석은 사람을 빗대어 표현하는 말이에요.

　　찍은 문제를 다 맞았다고 다음 시험에도 공부를 안 한다니 수주대토구나.

26

다른 사람 생각 좀 해

안 하 무 인

眼 下 無 人
눈 안 　아래 하 　없을 무 　사람 인

　주위 사람은 생각하지 않고 건방지게 행동하는 사람을 본 적이 있나요? **안하무인**은 눈 아래에 사람이 없다는 뜻으로, 세상에서 자기가 가장 잘난 듯이 남을 업신여기는 태도를 이르는 말이에요.

　다른 사람을 배려하지 않고 **안하무인**으로 굴면 상대의 기분을 상하게 할 수 있어.

27

어림도 없지

이 란 투 석

以 卵 投 石
써 이 | 알 란 | 던질 투 | 돌 석

달걀로 단단한 돌을 깰 수 있을까요? **이란투석**은 달걀로 돌을 친다는 뜻으로, 아주 약한 것으로 강한 것에 대항하려는 어리석음을 빗대어 표현하는 말이에요.

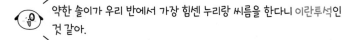

약한 솔이가 우리 반에서 가장 힘센 누리랑 씨름을 한다니 이란투석인 것 같아.

28

느긋하네

쏴아

천 하 태 평

天　下　泰　平

하늘 천　아래 하　클 태　평평할 평

　비가 와서 널어놓은 빨래와 곡식이 다 젖고 있는데도 한가롭게 자고 있네요. **천하태평**은 어떤 일에 무관심한 상태로 걱정 없이 편안하게 있는 태도를 가벼운 놀림조로 이르는 말이에요.

　발표가 내일인데도 준비는 안 하고 천하태평으로 스마트폰만 보고 있구나.

경 거 망 동

輕 擧 妄 動
가벼울 경　들 거　허망할 망　움직일 동

교실에서 조심하지 않고 야단스럽게 뛰어다니다가 화분을 깨뜨릴 위기에 처했네요. 어떤 행동을 하기 전에는 충분히 생각을 해야겠죠. **경거망동**은 경솔하여 생각 없이 함부로 행동한다는 말이에요.

선오는 깊이 생각하지 않고 경거망동하여 실수를 자주 하더라.

나는 모르는 일이야

수 수 방 관

袖 手 傍 觀
소매 수 손수 곁 방 볼 관

이웃끼리 싸우는데 말리지도 않고 지켜보고만 있네요. **수수방관**은 팔짱을 끼고 보고만 있다는 뜻으로, 간섭하거나 거들지 아니하고 그대로 버려둠을 이르는 말이에요.

 교실에 문제가 생길 때마다 학급 회장이 나서지는 않고 수수방관만 하면 어떻게 하니?

33

31

내가 언제 그랬어?

일 구 이 언

一 口 二 言
하나 일 입 구 두 이 말씀 언

친구에게 약속했던 말을 지키지 못하고 딴소리를 한 적이 있나요? **일구이언**은 한 입으로 두말을 한다는 뜻으로, 한 가지 일에 대하여 말을 이랬다저랬다 함을 이르는 말이에요.

 내가 3학년이 되면 나한테 게임기를 주기로 했으면서 왜 아직 형이 가지고 있어. 일구이언할 건 아니지?

일찍 일어나겠다는 결심이 삼일도 가지 못했네요. **작심삼일**은 단단히 먹은 마음이 사흘을 가지 못한다는 뜻으로, 결심이 굳지 못함을 이르는 말이에요.

 매일 방 청소를 하겠다고 큰소리를 치더니만 며칠 만에 이렇게 지저분해지다니, 작심삼일이었네.

너를 믿었건만

구 밀 복 검

口 蜜 腹 劍
입 구　꿀 밀　배 복　칼 검

　　나에게 친절했던 사람이 오히려 나를 어려움에 빠지게 한 적이 있나요? **구밀복검**은 입에는 꿀이 있고 배 속에는 칼이 있다는 뜻으로, 말로는 친한 듯하나 속으로는 해칠 생각이 있음을 이르는 말이에요.

 말이 너무 번드르르하니 의심스러워. 구밀복검일지도 모르니 다시 한번 확인해 봐.

34 우렛소리를 따라서

부 화 뇌 동
附 和 雷 同
붙을 부　화목할 화　우레 뇌　같을 동

우레는 천둥을 말해요. 소은이가 우레가 치는 소리를 아무런 생각 없이 그대로 따라하고 있네요. **부화뇌동**은 줏대 없이 남의 의견에 따라 움직이는 것을 나타내는 말이에요.

 남들이 한다고 해서 아무 생각 없이 부화뇌동하지 말아라.

너무 이기적이야!

아 전 인 수

我 田 引 水
나 아 밭 전 끌 인 물 수

자기 논에만 물이 흘러가도록 물길을 막는 사람을 보면 이기적이라는 생각이 들겠죠. **아전인수**는 자기 논에 물 대기라는 뜻으로, 자기에게만 이롭게 되도록 생각하거나 행동함을 이르는 말이에요.

자기에게 유리한 팔씨름으로 결판을 짓자니 아전인수가 심한데.

36

이건 배신이야, 배신!

토끼를 잡았으니 사냥개는 더 이상 필요 없겠지……

토 사 구 팽

兔 死 狗 烹
토끼 **토**　죽을 사　개 구　삶을 팽

도움을 주었던 친구를 외면하면 안 되겠죠? **토사구팽**은 토끼가 죽으면 토끼를 잡던 사냥개도 필요 없게 되어 주인에게 삶아 먹히게 된다는 뜻으로, 필요할 때는 쓰고 필요 없을 때는 야박하게 버리는 경우를 이르는 말이에요.

네가 부탁해서 숙제를 도와주었더니 숙제가 끝났다고 토사구팽하는구나.

내가 알던 사람이 맞아?

괄	목	상	대
刮	目	相	對
비빌 괄	눈 목	서로 상	대답할 대

못 본 사이에 신하가 눈에 띄게 발전하여 등장했네요. **괄목상대**는 눈을 비비고 상대편을 본다는 뜻으로, 남의 학식이나 재주가 놀랄 만큼 부쩍 늚을 이르는 말이에요.

현주는 방학 동안 리코더 실력이 괄목상대하여 모두를 놀라게 했어.

40

38

내가 먼저 할게

솔 선 수 범
率 先 垂 範
거느릴 솔 먼저 선 드리울 수 법 범

남들이 하기 꺼리는 일을 먼저 나서서 해 본 적이 있나요? **솔선수범**은 남보다 앞장서서 행동해서 몸소 다른 사람의 본보기가 됨을 이르는 말이에요.

제가 회장이 된다면 솔선수범의 자세로 학급 친구들을 위해 노력하겠습니다.

39

가르친 보람이 있네

청 출 어 람

靑 出 於 藍
푸를 청　날 출　어조사 어　쪽 람

쪽은 천연 염색 재료로 쓰이는 풀이에요. 쪽물을 만들어 천에 염색을 하면 푸른색을 띤대요. **청출어람**은 쪽에서 뽑아낸 푸른 물감이 쪽보다 더 푸르다는 뜻으로, 제자나 후배가 스승이나 선배보다 나음을 빗대어 표현하는 말이에요.

아빠에게 낚시를 배웠지만 청출어람하여 내가 아빠보다 낚시를 잘해.

형 설 지 공

螢 雪 之 功
반딧불이 형　눈 설　갈 지　공 공

　　등불을 밝힐 기름을 살 수 없는 어려운 상황에서도 반딧불이 불빛과 눈 빛에 비추어 책을 읽으며 노력했던 사람들이 있었다고 해요. **형설지공**은 반딧불과 눈으로 이룬 공이라는 뜻으로, 고생 속에서도 부지런하고 꾸준 하게 공부하는 자세를 이르는 말이에요.

　　우리 엄마는 어려움 속에서도 형설지공으로 공부해서 꿈을 이루셨어.

43

그 이야기 들었니?

선영이가 다쳐서 입원한 것 알고 있니?

뭐라고? 처음 듣는 말인데.

금 시 초 문

今　　時　　初　　聞
이제 금　때 시　처음 초　들을 문

친구가 다쳤다는 소식을 모르고 있다가 갑자기 듣게 되면 무척 당황스럽겠죠? **금시초문**은 바로 지금 처음으로 들었음을 나타내는 말이에요.

 선하가 전학을 간다는 이야기는 금시초문인걸.

42

믿어도 될까?

엄마, 숙제 다 했어요!

흠...

벌써? 기특하긴 한데…… 제대로 했겠지?

반 신 반 의

半 信 半 疑
반 반　믿을 신　반 반　의심할 의

평소에 숙제를 제때 하지 않던 민지가 숙제를 끝냈다고 하자, 엄마는 기특하면서도 숙제를 제대로 했는지 의심스러운가 봐요. **반신반의**는 얼마쯤 믿으면서도 한편으로는 의심할 때 쓰는 말이에요.

냄새는 고약하지만 맛은 좋다는 말에 반신반의하며 두리안을 먹어 보았어.

43

동에 번쩍, 서에 번쩍

신 출 귀 몰

神 出 鬼 沒
귀신 신　　날 출　　귀신 귀　　잠길 몰

　　홍길동은 동에 번쩍, 서에 번쩍 나타나서 못된 벼슬아치들의 재물을 빼앗아 가난한 백성들에게 나누어 주었다고 해요. **신출귀몰**은 귀신같이 나타났다가 사라진다는 뜻으로, 그 움직임을 쉽게 알 수 없을 만큼 자유자재로 나타나고 사라짐을 빗대어 표현하는 말이에요.

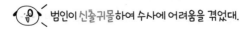 범인이 신출귀몰하여 수사에 어려움을 겪었대.

44

알 수가 없어

어디로 가야 하지?

오 리 무 중

五 里 霧 中
다섯 오 마을 리 안개 무 가운데 중

짙은 안개 속에서는 가까운 거리도 보이지 않죠? **오리무중**은 오 리나 되는 짙은 안개 속에 있다는 뜻으로, 무슨 일에 대하여 방향이나 갈피를 잡을 수 없음을 이르는 말이에요.

 지난달에 쏘아 올린 우주 탐사선의 행방이 오리무중이야.

45

예쁜 거 위에 또 예쁜 거

어머, 비단 위에
꽃이라니
너무 예뻐!

금 상 첨 화

錦 上 添 花
비단 금　위 상　더할 첨　꽃 화

　비단만 해도 예쁜데 그 위에 꽃까지 놓여 있으면 얼마나 더 예쁠까요? **금상첨화**는 비단 위에 꽃을 더한다는 뜻으로, 좋은 일 위에 또 좋은 일이 더하여짐을 빗대어 표현하는 말이에요.

 글짓기 대회에서 대상을 받았는데, 부모님에게 축하 선물까지 받으니
금상첨화가 따로 없네.

돌멩이 한 개를 던졌는데 사과를 두 개나 얻게 된다면 어떨까요? 기분이 아주 좋겠죠? **일거양득**은 한 가지 일을 하여 두 가지 이익을 얻음을 이르는 말이에요.

방 청소를 하다가 잃어버렸던 돈을 찾았어. 방도 깨끗해지고 돈도 생기고 일거양득이지 뭐야!

47

달려라 달려

자, 한번 천 리까지 가 보자고! ♪

일 사 천 리

一 瀉 千 里
하나 일 쏟을 사 일천 천 마을 리

가족들과 계곡에 놀러 가 본 적이 있나요? 계곡에 가면 물이 빠르고 세차게 흘러가는 모습을 볼 수 있죠. **일사천리**는 강물이 빨리 흘러 천 리를 간다는 뜻으로, 어떤 일이 거침없이 빨리 진행됨을 이르는 말이에요.

모둠원의 역할이 정해지자 모둠 활동이 일사천리로 진행되었어.

48

잘못된 거야? 잘된 거야?

망했다.

노을을 아주 멋지게 표현했구나.

전 화 위 복

轉	禍	爲	福
구를 전	재앙 화	될 위	복 복

물감을 떨어뜨리는 바람에 그림을 망쳤다고 생각했는데, 오히려 선생님께 칭찬을 받았어요. **전화위복**은 재앙과 근심, 걱정이 바뀌어 오히려 복이 됨을 이르는 말이에요.

 오늘 급식으로 나온 요리에 내가 알레르기를 가지고 있는 복숭아가 들어 있었대. 배가 아파서 급식을 못 먹었는데 전화위복이 되었지 뭐야.

49 듣기 좋은 말이긴 한데

용왕님께 데려 가야지.

용궁에 가면 진귀한 것들이 많아.

얼마나 좋은 곳인지 가 보고 싶어.

감 언 이 설

甘 言 利 說
달 감 말씀 언 이로울 이 말씀 설

토끼가 자라의 달콤한 꼬임에 넘어가 위험에 빠질 위기에 처하고 말았어요. **감언이설**은 귀가 솔깃하도록 남의 비위를 맞추거나 이로운 조건을 내세워 꾀는 말이에요.

 엄마에게 잘못을 숨겨 주면 아이스크림을 사 주겠다는 형의 감언이설에 넘어가지 않았어.

삼인성호
三　人　成　虎
석 삼　사람 인　이룰 성　범 호

여러 사람이 같은 거짓말을 해서 믿게 된 적이 있나요? **삼인성호**는 세 사람이 짜면 거리에 호랑이가 나왔다는 거짓말도 꾸밀 수 있다는 뜻으로, 근거 없는 말이라도 여러 사람이 말하면 곧이듣게 됨을 이르는 말이에요.

삼인성호라더니 찬희, 태현이, 정희가 내일이 임시 휴교일이라고 해서 믿었는데, 선생님께서 아니라고 하셨어.

진짜? 진짜 맞아?

유언비어

流 言 蜚 語
흐를 유　말씀 언　바퀴 비　말씀 어

친구들 사이에 널리 퍼진 어떤 소문을 두고 친구들이 그 소문이 진짜인지 수군거리고 있어요. **유언비어**는 아무 근거 없이 널리 퍼진 소문을 이르는 말이에요.

내가 너에 대해 안 좋은 소문을 냈다는 건 유언비어야. 난 그런 적이 없어.

52

그게 그건데

조 삼 모 사

朝 三 暮 四
아침 조　석 삼　저물 모　넉 사

원숭이가 먹이를 아침에 세 개, 저녁에 네 개씩 주겠다는 말에는 적다고 화를 내더니 아침에 네 개, 저녁에 세 개씩 주겠다는 말에는 좋아하네요. **조삼모사**는 간사한 꾀로 남을 속여 희롱함을 이르는 말이에요.

내 동생은 엄마가 숙제를 한 뒤에 놀라고 하면 싫어하고, 먼저 한 시간 동안 놀고 나서 숙제하라고 하면 좋아하더라. 내가 볼 땐 조삼모사인데.

53

죽을 고비를 넘겼어

휘!
살았다.

구 사 일 생

九　死　一　生
아홉 구　죽을 사　하나 일　날 생

서준이가 등산을 하다가 죽을 고비를 여러 번 넘겼네요. **구사일생**은 아홉 번 죽을 뻔하다 한 번 살아난다는 뜻으로, 죽을 고비를 여러 차례 넘기고 겨우 살아남음을 이르는 말이에요.

계곡에 빠져서 죽을 뻔했는데, 아빠가 구해 주셔서 구사일생으로 목숨을 건졌어.

54

사방에서 들리는 노랫소리

사방에서 초나라의
노랫소리가 들리네.
항복한 군사가 이렇게나
많다니······.

사 면 초 가

四　　面　　楚　　歌
넉 사　　낯 면　　초나라 초　　노래 가

먼 옛날, 한나라 군사들은 초나라를 에워싼 뒤 항복한 초나라 군사들에게 초나라의 노래를 부르게 했어요. 사방에서 들려오는 노랫소리에 초나라를 이끌던 항우는 힘이 쭉 빠졌대요. **사면초가**는 아무에게도 도움을 받지 못하는 외롭고 곤란한 지경에 빠진 형편을 이르는 말이에요.

신라와 당나라 연합군의 공격에 백제는 사면초가에 빠졌대.

오비이락

烏 飛 梨 落
까마귀 오 　날 비 　배나무 이 　떨어질 락

　　우연히 동시에 일어난 일인데 까마귀가 농부에게 괜한 의심을 받았네요. **오비이락**은 까마귀 날자 배 떨어진다는 뜻으로, 아무 관계도 없이 한 일이 공교롭게도 때가 같아 억울하게 의심을 받게 됨을 이르는 말이에요.

　오비이락으로 하필 내가 방에 들어가자마자 동생이 울음을 터뜨렸어.

56

바람 앞에 놓인 등불

후~

풍 전 등 화

風　　前　　燈　　火
바람 풍　앞 전　등잔 등　불 화

활활 타오르는 불도 거센 바람 앞에서는 위태롭게 흔들리기 마련이에요. **풍전등화**는 바람 앞의 등불이라는 뜻으로, 사물이 매우 위태로운 처지에 놓여 있음을 빗대어 표현하는 말이에요.

이순신 장군은 거북선을 이끌고 풍전등화와 같은 운명에 놓인 조선을 구했어.

57

새사람이 될 거야

그동안 괴롭혀서 미안해! 이젠 안 그럴게.

개 과 천 선

改　　過　　遷　　善
고칠 개　지날 과　옮길 천　착할 선

자신의 잘못을 인정하고 고치는 것은 어려운 일이죠? 자신의 잘못을 고치려는 친구가 있다면 용기를 북돋아 주세요. **개과천선**은 지난날의 잘못을 뉘우치고 고쳐 올바르고 착하게 됨을 이르는 말이에요.

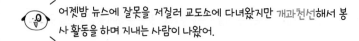

어젯밤 뉴스에 잘못을 저질러 교도소에 다녀왔지만 개과천선해서 봉사 활동을 하며 지내는 사람이 나왔어.

58

안절부절못하네

비행기를 놓치면 어떡하지?

우리 여행 못 가는 거예요? ㅠㅠ

느릿

느릿

노 심 초 사

勞 心 焦 思

수고로울 노　마음 심　그을릴 초　생각 사

가족들 모두 비행기를 놓칠까 봐 애를 태우고 있어요. **노심초사**는 생각이 많아 몹시 마음을 쓰며 애를 태운다는 뜻으로, 어떤 일 때문에 불안해서 어쩔 줄 모를 때 쓰는 말이에요.

누리는 컴퓨터 자격증 시험의 결과를 노심초사하며 기다렸어.

59 할 말이 없어요

점퍼를 또 잃어버렸다고? 벌써 몇 번째야!

긁적...

입이 있어도 할 말이 없네.

유 구 무 언

有 口 無 言
있을 유 입 구 없을 무 말씀 언

훈이가 물건을 또 잃어버려서 엄마가 화가 잔뜩 났네요. 훈이는 더이상 변명할 말이 생각나지 않나 봐요. **유구무언**은 입은 있어도 말은 없다는 뜻으로, 변명할 말이 없거나 변명을 못함을 이르는 말이에요.

약속을 어긴 시안이는 화가 난 지아 앞에서 유구무언이었어.

누구를 탓하겠어?

매일 스마트폰을 가까이서 보더니……

안경을 써야겠네요.

안 보여요.

자 업 자 득

自 業 自 得
스스로 자　업 업　스스로 자　얻을 득

매일 스마트폰을 가까이서 보던 현경이가 시력이 나빠져 결국 안경을 쓰게 되었네요. **자업자득**은 자기가 저지른 나쁜 행동이나 잘못이 결국 자기에게 되돌아온다는 말이에요.

연습을 안 한 미래가 태권도 승급 심사에서 떨어진 것은 자업자득이야.

61

스스로 하자

매듭 푸는 것 좀 도와줘!

묶은 자가 풀어야지.

결 자 해 지

結 者 解 之
맺을 결　사람 자　풀 해　갈 지

매듭은 묶은 사람이 가장 잘 풀 수 있겠죠? **결자해지**는 자신이 묶은 매듭은 자신이 풀어야 한다는 뜻으로, 자기가 저지른 일은 자기가 해결하여야 함을 이르는 말이에요.

 결자해지라고 네가 시작한 일이니 네가 해결해야 해.

62

결국에 모든 일은?

1등을 한 선수가 반칙으로 실격을 당해 2등으로 들어온 선수에게 금메달이 돌아갔습니다.

반칙하지 말걸.

사 필 귀 정

事 必 歸 正
일 사　반드시 필　돌아올 귀　바를 정

　반칙을 한 선수는 1등으로 결승선을 통과했지만 결국 실격이 되었고, 정정당당하게 경기한 2등 선수는 금메달을 받게 되었어요. **사필귀정**은 모든 일은 반드시 올바른 방향으로 돌아간다는 말이에요.

 모든 일은 사필귀정이야. 너의 억울함은 곧 밝혀질 거야.

63

솔직하게 말해

이 실 직 고

以 實 直 告
써 이　열매 실　곧을 직　아뢸 고

솔직하게 자신의 잘못이나 실수를 털어놓는 일은 쉽지 않아요. 하지만 때로는 진실을 말할 수 있는 용기도 필요해요. **이실직고**는 사실 그대로 알린다는 말이에요.

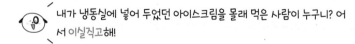
내가 냉동실에 넣어 두었던 아이스크림을 몰래 먹은 사람이 누구니? 어서 이실직고해!

뿌린 대로 거두는 거야

오누이를 괴롭히더니 결국 벌을 받는군.

인 과 응 보

因 果 應 報
인할 인 열매 과 응할 응 갚을 보

오누이를 괴롭힌 호랑이는 하늘에서 내려온 썩은 동아줄을 타고 올라가다가 줄이 끊어져 떨어지고 말았어요. 못된 호랑이가 벌을 받는 건 당연한 거겠죠? **인과응보**는 좋은 일을 하면 좋은 결과가, 나쁜 일을 하면 나쁜 결과가 온다는 말이에요.

약한 친구를 괴롭힌 그 친구가 벌을 받는 것은 인과응보야.

보면 갖고 싶어

나는 로봇 장난감에 관심이 없었는데, 보다 보니 갖고 싶어.

견 물 생 심

見　　物　　生　　心
볼 견　물건 물　날 생　마음 심

누리는 로봇 장난감에 관심이 없었는데, 정우가 로봇 장난감을 가지고 노는 모습을 보니 갖고 싶은 마음이 생겼나 봐요. **견물생심**은 실제로 물건을 보게 되면 그것을 가지고 싶은 욕심이 생긴다는 말이에요.

 견물생심이라고 엄마를 따라 옷 가게에 가서 예쁜 옷을 보니 사고 싶었어.

66

지나쳐도 문제야

점심시간에 불고기를
너무 많이 먹었나?

과 유 불 급

過　猶　不　及
지나칠 과　오히려 유　아닐 불　미칠 급

동운이가 점심시간에 불고기를 많이 먹더니 배탈이 나고 말았어요. 적당히 먹었다면 괜찮았을 텐데 말이에요. **과유불급**은 정도가 지나친 것은 부족한 것과 같다는 뜻으로, 지나치거나 모자라지 않고 한쪽으로 치우치지 않는 상태가 중요함을 이르는 말이에요.

과유불급이라고 운동도 적당히 하지 않으면 다칠 수 있어.

교 각 살 우

矯 角 殺 牛
바로잡을 교　뿔 각　죽일 살　소 우

　농부가 무리하게 소의 뿔을 바로잡으려다가 소를 죽이고 말았어요. **교각살우**는 작은 흠을 고치려다가 그 방법이나 정도가 지나쳐 오히려 일을 그르침을 이르는 말이에요.

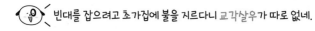 빈대를 잡으려고 초가집에 불을 지르다니 교각살우가 따로 없네.

68

벼락부자가 되다

도깨비 방망이를 휘두르니 금은보화가 쏟아지네. ♪

일 확 천 금
一 攫 千 金
하나 일　움킬 확　일천 천　금 금

농부가 도깨비 방망이를 내리치자 금은보화가 쏟아져 나왔어요. 농부는 힘들이지 않고 부자가 되었네요. **일확천금**은 단번에 천금을 움켜쥔다는 뜻으로, 힘들이지 않고 단번에 많은 재물을 얻었을 때 쓰는 말이에요.

 일확천금을 꿈꾸기보다는 성실하게 일을 해야 해.

69

싸워도 너무 싸워

견 원 지 간

犬 猿 之 間

개 견　원숭이 원　갈 지　사이 간

　　개와 원숭이처럼 서로 보기만 하면 으르렁거리며 싸우는 친구들이 있나요? **견원지간**은 개와 원숭이의 사이라는 뜻으로, 사이가 매우 나쁜 두 관계를 빗대어 표현하는 말이에요.

 아테네와 스파르타는 **견원지간**이라 전쟁이 끝이지 않았대.

70

차이가 없어

누가 이길지 모르겠어.

우다다다

막 상 막 하

莫　上　莫　下
없을 막　위 상　없을 막　아래 하

이어달리기를 하는 청팀과 백팀이 앞서거니 뒤서거니 하고 있어요. 과연 결승점에 누가 먼저 들어올까요? **막상막하**는 어느 것이 위이고, 어느 것이 아래인지 분간할 수 없다는 뜻으로, 누가 더 실력이 나은지 가릴 수 없을 때 쓰는 말이에요.

 새연이와 현경이의 줄넘기 실력이 막상막하야.

너 없으면 안 돼!

입술이 있어서 찬바람이 불어도 따뜻해.

쌩

순	망	치	한
脣	亡	齒	寒
입술 순	망할 망	이 치	찰 한

입술이 없으면 차가운 바람이 이에 바로 닿겠죠? 입술과 이는 서로 떼려야 뗄 수 없는 사이예요. **순망치한**은 입술이 없으면 이가 시리다는 뜻으로, 서로 영향을 주고받는 관계에서 어느 한쪽이 망하면 다른 한쪽도 그 영향을 받아 온전하기 어려움을 이르는 말이에요.

물건을 주고받던 이웃 나라가 망해서 순망치한이 될까 걱정이야.

72

통했네, 통했어

아우야!

감동

형님도 저와 같은 마음이었군요.

이 심 전 심

以 心 傳 心
써 이 　 마음 심 　 전할 전 　 마음 심

　형은 아우네 논에, 아우는 형의 논에 볏단을 가져다 놓으려다가 딱 마주쳤네요. **이심전심**은 마음에서 마음으로 전해진다는 뜻으로, 직접 말을 하지 않아도 서로 마음으로 뜻이 통할 때 쓰는 말이에요.

　솔이와 별이는 이심전심으로 떡볶이가 먹고 싶다고 했어.

75

근 묵 자 흑

近 墨 者 黑
가까울 근　먹 묵　사람 자　검을 흑

　　가까이 지내는 친구끼리는 서로서로 많은 영향을 주고받게 되겠죠? **근묵자흑**은 먹을 가까이하면 자신도 모르게 검어진다는 뜻으로, 나쁜 사람과 가까이 지내면 나쁜 버릇에 물들기 쉬움을 빗대어 표현하는 말이에요.

 근묵자흑이라고 했으니 좋은 친구를 사귀어야 해.

74

괴로움도 즐거움도 함께

동 고 동 락
同 苦 同 樂
같을 동　괴로울 고　같을 동　즐길 락

　괴로울 때나 즐거울 때나 항상 함께하는 친구가 있나요? **동고동락**은 괴로움도 즐거움도 함께한다는 뜻으로, 어려운 일이 있으면 같이 고생하고 좋은 일이 있으면 같이 즐기는 것을 이르는 말이에요.

 할머니와 할아버지는 60년을 동고동락하며 함께하셨어.

75 끼리끼리 어울려

유 유 상 종

類 類 相 從
무리 유　무리 유　서로 상　좋을 종

　　학교생활을 하다 보면 자연스럽게 마음이 잘 맞거나 좋아하는 것이 비슷한 친구들끼리 어울리게 되죠. **유유상종**은 같은 무리끼리 서로 사귄다는 뜻으로, 비슷한 부류의 사람들끼리 모이거나 사귀는 것을 이르는 말이에요.

　유유상종이라더니 비슷한 녀석들끼리 모여서 노는구나.

76

어렸을 때부터 친구

빨리 와!

잠깐만 기다려 줘.

죽 마 고 우
竹 馬 故 友
대나무 죽 말 마 옛 고 벗 우

어릴 때부터 한동네에서 뛰놀며 함께 자란 소꿉친구가 있죠? **죽마고우**는 대나무로 만든 말을 함께 타고 놀던 친구라는 뜻으로, 어려서부터 함께 놀며 자란 친구를 이르는 말이에요.

네가 힘들 때 죽마고우인 내가 당연히 널 도와야지.

간 담 상 조

肝 膽 相 照
간 간　쓸개 담　서로 상　비출 조

간과 쓸개는 우리 몸에서 중요한 장기예요. 이런 중요한 장기를 서로 보여 줄 정도면 무척 친한 사이겠죠? **간담상조**는 간과 쓸개를 꺼내어 보인다는 뜻으로, 서로 속마음을 털어놓고 친하게 사귐을 이르는 말이에요.

 간담상조하던 아진이가 전학을 가서 온유가 엄청 외로워 보여.

78

형이 나을까? 동생이 나을까?

우리 아버지가 더 낫죠?

우리 아버지죠?

허허

품성이나 학문에서 형을 형이라 하기도, 아우를 아우라 하기도 어렵구나.

난 형 난 제

難 兄 難 弟
어려울 난　형 형　어려울 난　아우 제

　　손주들이 서로 자기 아버지의 학문이 깊고 훌륭하다고 말다툼을 하자, 할아버지는 둘의 실력이 비슷하다고 이야기하네요. **난형난제**는 누구를 형이라 하고, 누구를 아우라 하기 어렵다는 뜻으로, 두 사물이 비슷하여 낮고 못함을 정하기 어려움을 이르는 말이에요.

두 친구의 태권도 실력이 난형난제라서 누가 이길지 몰라.

79

우린 같은 처지야

급식에 돈가스가 나왔던데 못 먹어서 속상하겠다.

그러게, 너도 돈가스 좋아하는데 배탈이 나서 못 먹었구나.

꾸르륵

꾸르륵

동 병 상 련

同 病 相 憐
같을 **동**　병들 **병**　서로 **상**　불쌍히 여길 **련**

　배탈이 나서 돈가스를 먹지 못하는 두 친구가 서로의 속상한 마음을 이해해 주고 있네요. **동병상련**은 같은 병을 앓는 사람끼리 서로 불쌍히 여긴다는 뜻으로, 어려운 처지에 있는 사람끼리 서로 불쌍히 여김을 이르는 말이에요.

 감기에 걸려 스키장에 가지 못한 민이와 서호는 동병상련을 느꼈어.

동 상 이 몽

同	牀	異	夢
같을 동	평상 상	다를 이	꿈 몽

창밖에 내리는 눈을 보고 소은이는 눈사람을 만들 생각에 즐거워하지만, 엄마는 출근 걱정에 근심이 가득하네요. **동상이몽**은 같은 자리에 자면서 다른 꿈을 꾼다는 뜻으로, 겉으로는 같이 행동하면서도 속으로는 각각 딴생각을 하고 있음을 이르는 말이에요.

연극 공연을 할 작품을 고르는데 모둠원들이 모두 동상이몽을 하고 있어.

81

흥부와 놀부는 어떻게 됐을까?

착한 일을 했더니
금은보화를
얻었어!

으악!
놀부 살려!

권 선 징 악

勸 善 懲 惡
권할 권　착할 선　혼날 징　악할 악

다리가 부러진 제비를 치료해 준 흥부는 부자가 되고, 제비 다리를 부러뜨린 놀부는 도깨비에게 혼쭐이 났네요. **권선징악**은 착한 일을 권장하고 악한 일을 징계함을 이르는 말이에요.

 전래 동화 중에는 주제가 권선징악인 것이 많아.

82

많으면 많을수록 좋아!

다 다 익 선

多 多 益 善
많을 다　많을 다　더할 익　착할 선

용돈을 많이 받을수록 살 수 있는 학용품이나 선물, 간식 등이 더욱더 많아지겠죠. **다다익선**은 많으면 많을수록 더욱 좋음을 이르는 말이에요.

 빵을 할인 판매한다고 이렇게 많이 사 왔니? 다다익선이라지만 너무 욕심을 부리면 안 돼.

문 전 성 시

門 前 成 市
문 문 　 앞 전 　 이룰 성 　 시장 시

　음식이 맛있기로 소문난 식당 앞은 찾아오는 사람들로 북적북적 붐비겠죠? **문전성시**는 찾아오는 사람이 많아 집 문 앞이 마치 시장처럼 북적거리는 것을 이르는 말이에요.

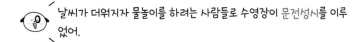

날씨가 더워지자 물놀이를 하려는 사람들로 수영장이 문전성시를 이루었어.

84.

눈동자만 채우면!

마지막으로 눈동자를 채워 볼까!

화 룡 점 정

畫 龍 點 睛
그림 화 용 룡 점찍을 점 눈동자 정

용을 그리고 난 후 마지막으로 눈동자를 그려 넣었더니 그림 속의 용이 실제 용이 되어 하늘로 날아 올라갔대요. **화룡점정**은 용을 그린 뒤 마지막으로 눈동자를 찍는다는 뜻으로, 무슨 일을 하는 데에 가장 중요한 부분을 완성함을 빗대어 표현하는 말이에요.

이번 축제의 화룡점정은 화려한 불꽃놀이였어.

85

풀을 묶어서 은혜를 갚는다고?

어이쿠

내 딸을 살려 준 것에 대한 보답이오.

우두머리를 쉽게 잡았군.

결	초	보	은
結	草	報	恩
맺을 결	풀 초	갚을 보	은혜 은

노인의 영혼이 딸을 살려 준 은혜를 갚기 위해 풀을 묶어 적의 우두머리를 쓰러뜨려 주었어요. **결초보은**은 죽은 뒤에라도 은혜를 잊지 않고 갚음을 이르는 말이에요.

 네가 베푼 이 은혜는 잊지 않고 있다가 언젠가 꼭 **결초보은**하겠어.

86

난 너를 믿어!

소곤
정우가 네 흉을 보고 다니더라.

정우가 그럴 리 없어. 난 정우를 믿어.

소곤

교 우 이 신

交 友 以 信
사귈 교　벗 우　써 이　믿을 신

　친구 사이에 믿음을 지키는 것은 아주 중요한 일이죠. 내가 믿을 수 있고, 나를 믿어 주는 친구가 있다면 정말 든든할 거예요. **교우이신**은 믿음으로 친구를 사귐을 이르는 말이에요.

교우이신이라는 말을 염두에 두고 친구를 사귀어야 해.

까마귀도 은혜를 갚는다는데

반 포 지 효

反 哺 之 孝
돌이킬 반　먹을 포　갈 지　효도 효

다 자란 까마귀 새끼가 늙은 어미에게 먹이를 물어다 주고 있어요.
반포지효는 자식이 자란 후에 어버이의 은혜를 갚는 효성을 이르는
말이에요.

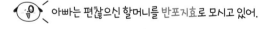 아빠는 편찮으신 할머니를 반포지효로 모시고 있어.

88

누구나 보통은

강아지가 다쳤나 봐.

너무 불쌍해. 도와주자.

안타까워라. 동물 병원으로 데려갈까?

인 지 상 정

人　之　常　情
사람 인　갈 지　항상 상　뜻 정

길을 걷다가 다친 강아지를 발견한다면 어떨까요? 불쌍하고 안타까워서 도와주고 싶은 마음이 들겠죠. **인지상정**은 사람이면 누구나 가지는 보통의 마음을 이르는 말이에요.

힘든 상황에 처한 친구를 돕고 싶은 것은 인지상정이야.

눈에 확 띄잖아!

오오!!

낭 중 지 추
囊　中　之　錐
주머니 낭　가운데 중　갈 지　송곳 추

　뾰족한 송곳은 주머니 안에 넣어 놓아도 주머니를 뚫고 나오겠죠? **낭중지추**는 주머니 속의 송곳이라는 뜻으로, 재능이 뛰어난 사람은 숨어 있어도 저절로 사람들에게 알려짐을 이르는 말이에요.

춤 실력이 뛰어난 시훈이는 낭중지추처럼 어디서나 표가 나더라.

박 학 다 식

博 學 多 識
넓을 박　배울 학　많을 다　알 식

　많이 배우고 다양한 경험을 쌓다 보면 모르는 것이 없을 정도로 많은 것을 알게 되겠죠. **박학다식**은 학식이 넓고 아는 것이 많음을 이르는 말이에요.

책을 많이 읽는 나연이는 친구들 중 가장 박학다식해.

어떻게 알았지?

선 견 지 명

先 見 之 明
먼저 선 　볼 견 　갈 지 　밝을 명

　임진왜란이 일어나기 전, 율곡 이이는 적이 침략할 것에 대비해 군사를 길러야 한다고 주장했대요. 그 이후에 일본군이 조선에 쳐들어오면서 임진왜란이 시작되었어요. **선견지명**은 어떤 일이 일어나기 전에 미리 앞을 내다보고 아는 지혜를 이르는 말이에요.

날씨에 대한 선견지명이 있던 그는 비가 오기 전에 빨래를 걷어 두었어.

92

겉만 보고 판단하지 마!

내 속이 얼마나 단단하다고!

이렇게 말랑거리는데!

속은 단단하네.

외 유 내 강

外 柔 內 剛
바깥 외 부드러울 유 안 내 굳셀 강

친구를 겉만 보고 판단했다가 강인하고 굳센 의외의 모습을 보고 깜짝 놀란 적이 있나요? **외유내강**은 겉으로는 부드럽고 순하게 보이나 속은 곧고 굳셈을 이르는 말이에요.

나는 겉보기에는 부드럽지만 속마음은 단단한 외유내강인 친구가 좋더라.

93

내가 제일 잘 나가

군 계 일 학

群 鷄 一 鶴
무리 군 　닭 계 　하나 일 　학 학

닭들 사이에 기다란 학이 서 있다면 무척 돋보이겠죠? **군계일학**은 닭의 무리 가운데에서 한 마리의 학이라는 뜻으로, 많은 사람 가운데서 뛰어난 인물을 이르는 말이에요.

이번 장기 자랑에서는 춤을 제일 잘 췄던 현아가 군계일학이었어.

94

세상은 불공평해!

나는 축구, 노래, 요리 모두 자신 있지!

다 재 다 능

多 才 多 能
많을 다 / 재주 재 / 많을 다 / 능할 능

공부나 운동뿐만 아니라 미술, 노래, 요리 등 여러 분야에 재능을 가진 친구를 본 적이 있나요? **다재다능**은 재주와 능력이 여러 가지로 많음을 이르는 말이에요.

세종 대왕은 조선의 정치, 과학, 경제, 문화를 발전시킨 **다재다능**한 왕이었어.

95

다 이유가 있구나

'달리기 왕 박승호'라는
이름이 날 만하군!

박승호

쌔 앵

명	불	허	전
名	不	虛	傳
이름 명	아닐 불	빌 허	전할 전

이름이 알려진 데는 다 이유가 있죠. **명불허전**은 명성이나 명예가 헛되이 퍼진 것이 아니라는 뜻으로, 이름날 만한 까닭이 있음을 이르는 말이에요.

 우리 태권도장에서 태권도를 제일 잘하기로 소문난 온유의 태권도 경기를 보았는데 역시 명불허전이더라.

일 취 월 장

日 就 月 將
날 일 　 나아갈 취 　 달 월 　 장수 장

　목표를 가지고 매일매일 노력한다면 어떻게 될까요? 하루가 다르게 실력이 늘 거예요. **일취월장**은 나날이 다달이 자라거나 발전함을 이르는 말이에요.

 현경이가 꾸준히 영어 학원에 다니더니 영어 실력이 일취월장했구나!

동쪽 말이야, 동쪽!

동 문 서 답
東 問 西 答
동녘 동　물을 문　서녘 서　대답할 답

동쪽이 어디인지 물었는데 서쪽이 어디인지 대답하다니, 질문과 완전히 다른 대답을 했네요. **동문서답**은 물음과는 전혀 상관없는 엉뚱한 대답을 이르는 말이에요.

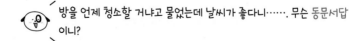

방을 언제 청소할 거냐고 물었는데 날씨가 좋다니……. 무슨 동문서답이니?

98

말 좀 해 봐!

묵 묵 부 답

默 默 不 答
잠잠할 묵 　 잠잠할 묵 　 아닐 부 　 대답할 답

아무리 질문을 해도 친구가 도무지 대답을 하지 않아서 무척 걱정스러운 모양이에요. **묵묵부답**은 잠자코 아무 대답도 하지 않음을 이르는 말이에요.

몇 시간째 입술을 꾹 다문 채로 묵묵부답이네.

적 반 하 장

賊　　反　　荷　　杖
도둑 적　돌이킬 반　연 하　지팡이 장

　　도둑이 도리어 집주인에게 큰소리를 치는 모습이라니, 뭔가 이상하지 않나요? **적반하장**은 도둑이 도리어 매를 든다는 뜻으로, 잘못한 사람이 아무 잘못도 없는 사람을 나무람을 이르는 말이에요.

　　적반하장도 유분수지. 물을 엎지른 사람은 너인데 왜 짜증을 내니?

중언부언

重 言 復 言
거듭 중　말씀 언　다시 부　말씀 언

학급 회장 선거에 나온 친구가 많이 떨리는지 똑같은 말을 여러 번 하고 있네요. **중언부언**은 이미 한 말을 자꾸 되풀이함을 이르는 말이에요.

관리실에서 같은 내용의 안내 방송을 계속 중언부언해서 숙제에 집중할 수가 없었어.

MEMO

www.mirae-n.com

학습하다가 이해되지 않는 부분이나 정오표 등의
궁금한 사항이 있나요?
미래엔 홈페이지에서 해결해 드립니다.

교재 내용 문의
나의 교재 문의 | 수학 과외쌤 | 자주하는 질문 | 기타 문의

교재 자료 및 정답
동영상 강의 | 쌍둥이 문제 | 정답과 해설 | 정오표

우리 아이 바른 공부 습관
미래엔 에듀 초등맘 카페

http://cafe.naver.com/mathmap

함께해요!
바른 공부법 캠페인

궁금해요!
교재 질문 & 학습 고민 타파

공부해요!
미래엔 에듀 초등 교재

참여해요!
선물이 마구 쏟아지는 이벤트

		초등학교
학년	반	이름